行徳
歴史の扉

鈴木和明
Suzuki Kazuaki

文芸社

序

ＪＣＮ市川テレビ（現J:COM市川テレビ）で『いちかわ歴史の扉』と題する番組制作のお話がありました。

筆者は行徳地域を担当させていただくことになりました。以来、ちょうど二年間で二十六回の放送が実現して、筆者はそのうちの十二回を担当させていただきました。

行徳の郷土史を紹介するにあたって長年心に秘めていたことを実現することが出来ました。それは文人墨客たちが訪れた行徳の時代とその人たちの著書を紹介することでした。

この試みは視聴者から多くの反響があり、みなさんに待たれていた形の紹介番組になったと思いました。

これはひとえに本番組を制作した担当者の方々、制作会社のスタッフのみなさん方のお力だと感謝しています。

筆者は番組収録にあたりたくさんの資料を作成いたしました。この度はこれらの資料に加筆補正をしてまとめました。放送時の内容よりも中身の濃い充実したものになりました。

なお、神社仏閣の紹介は番組の放映時間の制約から由緒沿革を詳しく紹介出来ないこともありましたのでご了解いただきたいと存じます。そのための補足追加を致しました。
最後に、ＪＣＮ（現J:COM）市川テレビディレクター小川真氏、株式会社ムービーアイ市川一二三氏、アシスタント篠崎菜穂子氏に心より御礼申し上げます。

二〇一七年九月吉日

鈴木和明

行徳歴史の扉◉目次

常夜灯から今井橋へ　34

今井橋から御手浜公園へ　53

山本周五郎の行徳と浦安　147

永井荷風と歩む行徳街道　160

行徳歴史散歩

行徳寺町通りを歩く

徳願寺さん(1)が創建された時にはすでに寺町が出来上がっていた

今、本行徳《ほんぎょうとく》の徳願寺《とくがんじ》さんの御本堂の前にいるわけですが、じつは、徳願寺さんは寺町《てらまち》が出来上がる過程では一番新しいお寺さんのうちに入るわけです。

徳川家康が天正《てんしょう》十八年（一五九〇）八月一日に江戸入りして、すぐに、行徳を直轄《ちょっかつ》領《りょう》ということで天領《てんりょう》としたのですが、その時にすでに寺町というのはほぼ出来上がっていたわけです。

文安《ぶんあん》元年（一四四四）に浄土宗《じょうどしゅう》正源寺《しょうげんじ》さんができ永禄《えいろく》八年（一五六五）の日蓮宗《にちれんしゅう》妙好寺《みょうこうじ》さんまでの百二十一年間で七ヶ寺（正源寺《しょうげんじ》、金剛院《こんごういん》、長松寺《ちょうしょうじ》、養福院《ようふくいん》、妙応寺《みょうおうじ》、妙頂寺《みょうちょうじ》、妙好寺《みょうこうじ》）が出来ていて、十七年に一ヶ寺の割合で創建されました。これらのお寺さんは当時の塩田《えんでん》を取り囲むような位置に作られています（図参照）。

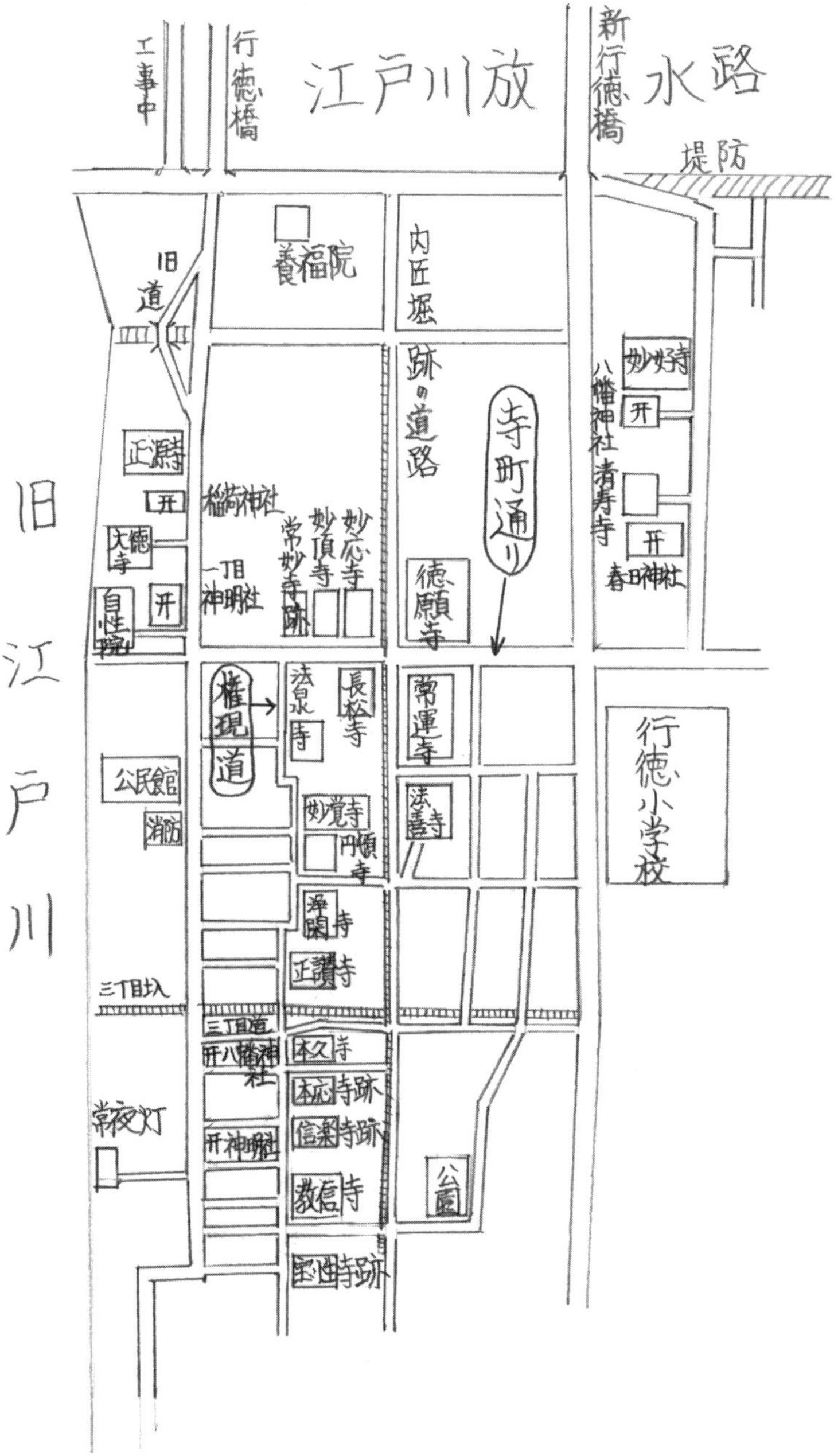

工事中
行徳橋
江戸川放水路
新行徳橋
堤防
養福院
内匠堀跡の道路
旧道
寺町通り
妙好寺
八幡神社
青寿寺
春日神社
正源寺
稲荷神社
大徳寺
自性院
一丁目神明社
常妙寺跡
妙頂寺
妙応寺
徳願寺
旧江戸川
権現道
法泉寺
長松寺
常運寺
行徳小学校
公民館
消防
妙覚寺
法善寺
円頓寺
浄閑寺
正讃寺
三丁目入
三丁目道
八幡神社
本久寺
本応寺跡
常夜灯
信楽寺跡
神明社
教信寺
公園

（1）浄土宗《じょうどしゅう》海巌山《かいがんざん》徳願寺。武州《ぶしゅう》鴻巣《こうのす》勝願寺末《しょうがんじまつ》。創建《そうけん》、慶長《けいちょう》十五年（一六一〇）。本尊《ほんぞん》、丈《たけ》三尺二寸の阿弥陀如来像《あみだにょらいぞう》、源頼朝《みなもとのよりとも》の妻政子《つままさこ》の依頼により運慶《うんけい》作。徳川秀忠の室崇源院《すうげんいん》にわたり、その死後に寄進される。元禄《げんろく》三年（一六九〇）十世覚誉上人《かくよしょうにん》、行徳領三十三所観音札所順礼を始める。札所一番「後のよをねがふ心は有がたやまいる我身の徳願寺かな」。その時、番外藤原観音堂を建て身代わり観音像を遷す。円山応挙の幽霊の絵、宮本武蔵の落款のある書と達磨の絵、宮本武蔵の供養塔など。

第一次創建ラッシュの時代

次に元亀元年《げんきがんねん》（一五七〇）から天正《てんしょう》十七年（一五八九）までの二十年間で九ヶ寺（法《ほう》泉寺《せんじ》、信楽寺《しんぎょうじ》、本久寺《ほんきゅうじ》、正讃寺《しょうさんじ》、本応寺《ほんおうじ》、円頓寺《えんとんじ》、妙覚寺《みょうかくじ》、自性院《じしょういん》、教善寺《きょうぜんじ》）が建《こん》立《りゅう》されましたので二年間に一ヶ寺の割合でお寺さんが出来ています。前の時代の十倍ほどのスピードでお寺さんの建築工事がされています。

この時代のことを私は第一次創建ラッシュの時代と呼んでいます（『郷土読本 行徳の歴史・文化の探訪1』）。徳川家康が行徳を天領とする前に建築の息吹が満ち満ちた槌音《つちおと》高い時代があったのです。もちろん、お寺さんがたくさん作られるということは、人口密度が高くなり、お金をたくさん儲《もう》けた人たちがたくさんいて、それを可能にした塩焼という産業が発達したことが背景にあります。

行徳には江戸時代から見てさえも千年以上も前に塩焼が開始されたと言われるほど昔から塩焼稼業《かぎょう》（商売。生活費を得るための仕事）がありました。中世末の戦国時代と称される時代にすでに行徳七浜《ぎょうとくななはま》（本行徳《ほんぎょうとく》・河原《かわら》・大和田《おおわだ》・稲荷木《とうかぎ》・田尻《たじり》・高谷《こうや》・妙典《みょうでん》の七ヶ村）といわれた塩浜付村々があり、小田原の北条氏が塩年貢を徴収していました。

第一次創建ラッシュの時代区分の最初の年の元亀《げんき》元年《がんねん》（一五七〇）は、江戸川の対岸の本行徳中洲《ほんぎょうとくなかす》の地にあった「行徳という土地」が現在の本行徳の地に移された年でもあります（『現代語訳　成田参詣記』）。これは何を意味するかといいますと、行徳の本地だった現在の東京都江戸川区篠崎《しのざき》地域よりも、新地である本行徳地域の方が、塩焼という産業が栄えて、人も、物も、建物も、物流の量も増えて経済的にも大いに勃興《ぼっこう》したためだと思うのです。ですから、元亀元年以前の時代にすでに本行徳地域は栄《さか》えてきていたことがわかるでしょう。

第二次創建ラッシュの時代

徳川家康が行徳を天領にしてから七年ほど間《ま》がありますが、慶長《けいちょう》二年（一五九七）という年に浄土宗の浄林寺《じょうりんじ》さんが出来ました。その後、元和《げんな》二年（一六一六）に日蓮宗《にちれんしゅう》の常運寺《じょううんじ》さんが出来るまでの二十年間で六ヶ寺（浄林寺、常妙寺《じょうみょうじ》、法善寺《ほうぜんじ》、徳願寺《とくがんじ》、大《だい》徳寺《とくじ》、常運寺《じょううんじ》）が出来ています。三年で一ヶ寺の割合になります。第二次創建ラッシュといっていいでしょう。

元和二年という年は徳川家康が亡くなった年です。その後にお寺さんの創建はとても少なくなって、寛永《かんえい》三年（一六二六）に浄土宗の浄閑寺《じょうかんじ》さん、元禄《げんろく》八年（一六九五）に日蓮宗の清寿寺《せいじゅじ》さんしかありません（欠真間《かけまま》などを除く）。寺町と呼ばれた本行徳地域と妙典地域を含めた地域でのお寺さんの創建は徳川家康が亡くなるとともに幕を閉じたのでした。このことは行徳地域の塩田開発がピークを過ぎたためと考えるのがいいでしょう。

徳願寺さんはどのような位置づけのお寺だったのか

徳願寺さんの御本尊《ほんぞん》の阿弥陀如来像《あみだにょらいぞう》は、二代将軍徳川秀忠《ひでただ》の妻のお江《ごう》の方（崇源院《すうげんいん》）が念持仏《ねんじぶつ》として所有していたもので、それを三代将軍家光《いえみつ》の時代に下げ渡されています。こ

浄土宗徳願寺本堂
慶長15年（1610）の創建だが、この頃にはすでに寺町はほぼ出来上がっていた

の時の住職《じゅうしょく》さんは円誉不残上人《えんよふざんしょうにん》です（『葛飾誌略』）。じつはこれは大変なことで、お坊さんはいろいろな伝手《つて》を頼って相当なお金を使って、下げ渡しの方策をしたのだと思います。ともかく御本尊はそのような阿弥陀様です。

付け加えますと、お江の方が持っていた阿弥陀如来像は、鎌倉幕府の源頼朝の妻政子が仏師運慶《うんけい》に命じて彫らせたもので、宥経仏《ゆうきょうぶつ》として政子の身近に置いていたものです。それをお江の方が鎌倉から手に入れたものでした（『江戸名所図会』）。

また、本堂をご覧いただきますとわかりますが、瓦《かわら》などに徳川氏の葵《あおい》の紋《もん》があります。それと徳川幕府は徳願寺さんに除地《じょち》十石《こく》の朱印《しゅいん》を与えています。これは行徳・南行徳地域の寺社で最高の除地になっています。

このように寺町の寺としては遅れて出来たといっていい徳願寺さんが破格の扱いをされているわけです。このことは徳川幕府の行徳支配の構図としては、宗教的には浄土宗寺院の創建を増やすとともに、核となるお寺さんを据えたということだと思います。これは元《げん》禄《ろく》三年（一六九〇）に徳願寺第十世覚誉《かくよ》上人《しょうにん》が徳願寺さんを第一番とする行徳領観音《ぎょうとくりょうかんのん》札所《ふだしょ》三十三所順礼《じゅんれい》を設定（『葛飾記』）したイニシアチブにもよく表れていると思うのです。

なお、寛永《かんえい》十二年（一六三五）塩浜十五ヶ村の塩垂百姓《しおだれびゃくしょう》が本行徳中洲の神明社《しんめいしゃ》を本行徳（一丁目）の現在地に遷座《せんざ》しました（『葛飾誌略』）。このことにより江戸川の対岸にあった行徳の本地はすべてこちら側の新地に移されたことになりました。徳川幕府としては塩焼をする農民の精神的な支柱として神明社を総鎮守《そうちんじゅ》として扱ったのです。

行徳のお寺にはすべて敷地を囲む堤があった

徳願寺さんの境内《けいだい》の裏手《うらて》に来ると塀《へい》の手前に土堤《どてい》の跡があります。松の木が高く聳《そび》えて

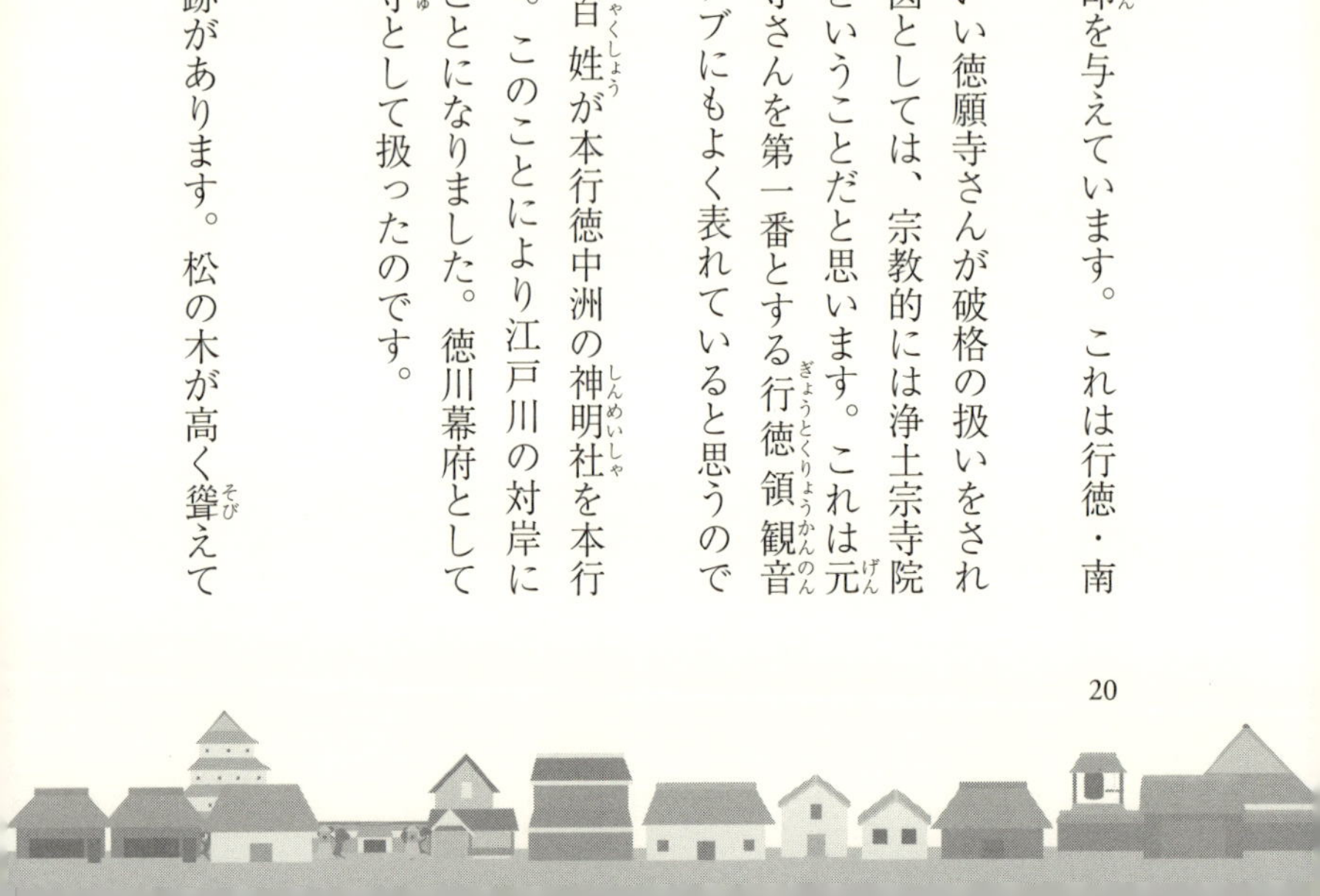

います。

この堤《つつみ》は行徳の寺には昔はすべてあったものです（『葛飾風土史 川と村と人』）。時代とともに姿を消して今では徳願寺さんだけでしか見ることが出来ません。

この堤は何のためだったかといいますと、北条氏や徳川氏がお坊さんの申請に基づいて寺地《てらち》を縄張りするわけですが、その時に、住宅地に出来ない、あるいは、農地などにも出来ない、というような荒地《あれち》を与えたわけです。そのような土地しか空《あ》いていなかったともいえます。ですから代表的なのは権現道《ごんげんみち》沿いのお寺さんの場合などは、すべて海側に寺があるわけです。寺のすぐ裏が海岸であり塩田があるわけです。なお、神社はお寺の反対側の土地に建てられています。

行徳では塩焼が稼業として、あるいは産業として発達しましたので、真水《まみず》というものを極端に嫌ったわけです。塩分濃度が低下して収量に影響するからです。では、寺地を縄張りされたお坊さんは真水を確保するために江戸川から土地を掘り割って真水を引きたいわけですが、そんなことは御法度《ごはっと》であるわけですから、どうしても寺地を堤で囲うわけです。そして堤の内側にも掘割を作ります。また、境内には大きな池を掘ります。このようにして雨水を寺地の中に溜めたのです。

行徳のお寺さんの場合の池などは、江戸時代初期は景観を楽しむためのものなどではなくて、生活必需品としての真水を確保するための手段であったわけです。ですから、すべてのお寺さんには堤と池がありました。

日蓮宗常運寺さん

寺町通りと現在いわれている通りは徳願寺さん門前の一方通行の道路です。江戸時代に年間十万人と推定される成田山参詣《なりたさんさんけい》の旅人《たびびと》に利用された道です。俗に成田道《なりたみち》ともいわれています。今は電柱の地下化などで景観整備がされて綺麗になっています。

徳願寺さんの道路向かいに日蓮宗題目山常運寺《じょううんじ》さんがあります。徳願寺さんが出来てから六年後の元和《げんな》二年（一六一六）に建立《こんりゅう》されました。中山法華経寺《なかやまほけきょうじ》の裏鬼門《うらきもん》にあたる場所に創建されました。御本尊の読経日蓮大菩薩《どっきょうにちれんだいぼさつ》は中山三世日祐《にちゆう》上人作で別名枕返《まくらがえ》しのお祖師《ぞうし》さまといわれます。また、常運寺さんが火災に遭《あ》った時、御本尊だけが焼けずに焼け跡から見つかって無事だったことから火除《ひよ》けのお祖師さまとも呼ばれています。

もと小田原北条氏の家臣野地《のぢ》氏が資金提供して建てました。時代としては北条氏滅亡後二十六年も経った頃ですが、武士を棄て土着した人たちが多くいて塩田開発に尽力したことがお分かりになるでしょう。

日蓮宗妙応寺さん[2]

旧内匠堀《たくみぼり》跡の道路を越しますと徳願寺さんの向かい側に妙応寺《みょうおうじ》さんがあります。寺町通りに面しています。妙応寺さんは永禄《えいろく》二年（一五五九）に創建された中山法華経寺の末寺です。御本尊は釈迦如来像《しゃかにょらいぞう》です。今は七福神を祀《まつ》るお寺として知られています。

じつは妙応寺さんが創建された永禄二年は第二次国府台合戦《こうのだいかっせん》があった永禄六年の四年前のことです。国府台合戦に馳《は》せ向かう小田原北条氏の軍勢が妙応寺さんの近くを通過して行ったのではないかというロマン溢れる想像が出来るでしょう。

妙応寺さんのすぐ裏手は塩田地帯だったと推測出来ますので、隣地の妙頂寺《みょうちょうじ》さん、河原《かわら》の正源寺《しょうげんじ》さん、養福院《ようふくいん》さん、妙典《みょうでん》の妙好寺《みょうこうじ》さんとともに塩田を囲む形で寺が建てられていたと考えられます。

（2）日蓮宗正国山妙応寺。日忍上人創建。本尊、釈迦如来像。『葛飾誌略』には天正元年（一五七三）建立、除地五畝、開基日忠上人とある。

日蓮宗妙頂寺(3)さん

弘安元年《こうあんがんねん》（一二七八）日蓮上人生存中の創建とされ、永禄《えいろく》四年（一五六一）に現在地に移ってきたとされています。妙応寺さんのお隣に位置しています。

境内には樹齢二百年以上とされる古木百日紅《さるすべり》があり毎年夏には紅色の花を咲かせています。また第二十二世日彦上人が作った天保《てんぽう》年間（一八三〇〜一八四三）の筆子塚《ふでこづか》があり教育熱心な行徳地域の風潮がうかがい知れます。

じつは妙頂寺さんの左隣に慶長《けいちょう》三年（一五九八）建立の日蓮宗の常妙寺《じょうみょうじ》(4)がありましたが廃寺となっています。檀家のお墓は一部妙頂寺さんが引き取られています。この常妙寺さんがあった場所のすぐ近くが権現道《ごんげんみち》の入口になっていますが、権現道は常妙寺さんの脇を通って現在の行徳橋方向へ続いていたとする説（『浦の曙』）がありますが、住宅地などになってしまっていて跡地は知ることが出来ません。

（3）日蓮宗真光山妙頂寺。本尊、釈迦如来・多宝如来・日蓮上人像。弘法寺《ぐほうじ》末。日妙上人創建。日忍上人により現在地に移転。『葛飾誌略』では開基日忍上人、天正五年（一五七七）建立とする。八月二日の施餓鬼、十一月十三日のお会式に公開される畳十畳の大きさの寛保二年（一七四二）制作の釈迦涅槃図。

（4）日蓮宗正永山浄妙寺。『葛飾誌略』では日蓮宗中山末、開基日円上人、除地二畝歩とする。

臨済宗長松禅寺さん

天文《てんぶん》二十三年（一五五四）溟山和尚《めいざんおしょう》の開基。松戸市馬橋《まばし》の万満寺《まんまんじ》末です。今はありませんがかつて塩竈明神《しおがまみょうじん》が祀られてあり、明神初めて塩を焼く、と『葛飾誌略』という地誌にあります。

大和田村《おおわだむら》にあった永正寺《えいしょうじ》が寛文元年《かんぶんがんねん》（一六六一）大破《たいは》の節《せつ》、聖徳太子作とされる薬師《やくし》如来像《にょらいぞう》が長松寺《ちょうしょうじ》(5)に移されました。いまでも大和田地域からのお詣りがあるそうです。

長松寺さんは初めは江戸川の中洲にあり、のち、塩場《しょば》だった現在地に移転したとされています。山号は塩場山《えんじょうざん》です。

（5）臨済宗塩場山長松寺。本尊、釈迦如来像。除地二反五畝歩。六面に天道・人道・修羅道・畜生道・餓鬼道・地獄道が彫られた石幢六地蔵、元禄十年（一六九七）建立の如意輪観音がある。札所三番「長き夜のねぶりをさます松風のみてらへ参る身こそやすけれ」。

権現道を歩く

全長はおよそ六百九十メートルほどです。いつ頃から権現道《ごんげんみち》と呼ばれるようになったかわからないのです。江戸時代初期にはきっと違った名前があったのでしょう。この道は『市川市史』第一巻では東京湾から吹きつけられた砂の高みだとしています。浜堤《はまつつみ》と呼ばれるものです。前面は砂浜でその先に波打ち際があったと思われます。

徳川家康の行徳支配前にすでに八ヶ寺が権現道沿いにありました。日蓮宗五（本久寺《ほんきゅうじ》、正讃寺《しょうさんじ》、本応寺《ほんおうじ》、円頓寺《えんとんじ》、妙覚寺《みょうかくじ》）、浄土宗三（法泉寺《ほうせんじ》、教善寺《きょうぜんじ》、信楽寺《しんぎょうじ》）です。

小田原北条氏の影響が強かったのですが、創建の申請をしたお坊さんに与えられた土地は海側の砂地でした。飲み水などの真水は池と堤内の堀に雨水を溜めました。

権現道は江戸時代初期は本行徳のメインストリートでしたが新道《しんみち》の開発（慶長《けいちょう》年間、一五九六〜一六一五）とともに現在のバス通りにその地位を譲りました。

市川市の史料はないのですが、国府台《こうのだい》合戦の時の兵士たちや連歌師《れんがし》柴屋軒宗長《さいおくけんそうちょう》などが通過して行ったのではないかというロマン溢《あふ》れる想像が湧きます。

浄土宗法泉寺さん(6)

元亀元年《げんきがんねん》（一五七〇）得誉上人《しょうにん》の開基です。元亀元年という年は行徳という土地が江戸川向こうから本行徳へ移された年です。塩田開発の息吹が満ち満ちていた時代です。

徳川家康が東金《とうがね》での鷹狩《たかが》りの途次《とじ》に行徳を通過した時に法泉寺《ほうせんじ》に両三度休憩したと地誌に書かれています。ということは、浄土宗だったということが大きな理由なのでしょうが、別な理由としては、法泉寺さんの場所が開発された行徳塩浜を見わたす絶好の位置にあったことではないでしょうか。いずれにしても、法泉寺さんは江戸時代初期には相当に力のある大きな寺だったことが想像出来ます。今は無住で伊勢宿《いせじゅく》の浄土宗清岸寺《せいがんじ》さんが兼務しています。

なお、徳願寺さんのお坊さんが徳川家康から寺地を賜ったのは法泉寺さんのお堂でのことだったと地誌（『葛飾誌略』）に書かれています。

（6）浄土宗真宝山法泉寺。本尊、釈迦如来像。除地一反五畝歩。浄土宗葛西《かさい》上今井村浄《じょう》興寺《こうじ》末。札所十三番「しなじなに仏ののりのいづみ寺つきぬや浜のまさごなるらん」。

日蓮宗妙覚寺さん(7)

境内に千葉県で唯一のキリシタン灯籠《とうろう》があります。逸話があるのですが、それを建てた人たちはどのような思いだったのでしょうか。身の危険を感じていたことでしょう。協力されたお坊さんの覚悟も大変なものだったことでしょう。

中山法華経寺の末寺で天正《てんしょう》十四年（一五八六）日通上人の開基です。

（7）日蓮宗正覚山妙覚寺。中山法華経寺末。本尊、釈迦如来・多宝如来・日蓮上人像。

浄土真宗法善寺さん(8)

塩場寺《しょばでら》と別称される法善寺《ほうぜんじ》さんは、関ヶ原の落ち武者とされる河本弥左衛門氏が慶長《けいちょう》五年（一六〇〇）に初代宗玄《そうげん》和尚《おしょう》となり建立されました。塩田経営に腕を振るったとされますが、成した財で寺を創建したと思われます。そしてその時代は自らがお坊さんになることが一つのステイタスだったと考えられます。

このお寺さんには潮塚《しおづか》という芭蕉《ばしょう》句碑《くひ》があります。芭蕉百回忌《ひゃっかいき》の寛政《かんせい》九年（一七九七）に伊勢《いせ》二見浦《ふたみがうら》で詠んだ句「宇《う》たがふな潮《うしお》の華《はな》も浦の春」とあります。

松尾芭蕉は貞享《じょうきょう》四年（一六八七）に鹿島《かしま》へ行くために行徳を通過しました。その日は天気は良かったのですが、行徳で句を詠《よ》んでいないのです。遺《のこ》された句がありません。とても急ぎ旅だったことは芭蕉の著『鹿島紀行《かしまきこう》』でわかるのですが、じつは、天気が良かったために塩焼を盛んにしていて煙害が凄かったのではないかとも考えられます。翌日は鹿島では午後から雨に降られて月見は出来なかったと書いています。

（8）浄土真宗西本願寺派仏性山法善寺。本尊、阿弥陀如来像。浄土真宗江戸麻布善福寺末。開基権大僧都《ごんだいそうず》宗玄。除地六畝歩。札所十四番「法《のり》によく頼みをかけてひたすらにねがへば罪も消てこそゆけ」。

日蓮宗円頓寺(9)さん

天正《てんしょう》十二年（一五八四）日円《にちえん》上人の開基で、山号を海近山《かいこんざん》といいます。建立した時は寺の背後は東京湾の波打ち際が迫っていました。山号は言い得て妙でしょう。

明治十四年（一八八一）の行徳町の大火で山門以外を全焼、寺宝・寺史を焼失し、更に大正六年（一九一七）の大津波により重ねて諸々のものを失いました。行徳・南行徳地域の神社仏閣の資料は大正六年の大津波によってたくさん失われています。

（9）日蓮宗海近山円頓寺。中山法華経寺末。本尊、釈迦如来・多宝如来・日蓮上人像。除

地七畝歩。日蓮上人五百年遠忌の報恩塔がある。

浄土宗浄閑寺(10)さん

浄閑寺《じょうかんじ》さんは権現道沿いのお寺さんとしては最後に建てられたお寺さんです。本行徳寺町としても最も新しいお寺さんです。寛永《かんえい》三年（一六二六）鎮誉《ちんよ》上人の建立とされます。

このお寺さんの特徴の一つは、寛政元年《かんせいがんねん》（一七八九）に成田山新勝寺《なりたさんしんしょうじ》が江戸《えど》出開帳《でかいちょう》の帰り道に浄閑寺さんに立ち寄って七昼夜に及ぶ御本尊の開帳がされたことです。

相之川《あいのかわ》から河原《かわら》までの村々の人々は大幟《おおのぼり》を押し立て、揃いの着物を着てこの催しに参加しています（『葛飾誌略』）。この時代は天候不順が続いて塩浜稼ぎが不景気続きだったことから景気回復を願っての大イベントだったのではないかと思われます。

門前に名号石《めいごうせき》があり「南無阿弥陀仏《なむあみだぶつ》」「地獄《じごく》、餓鬼《がき》、畜生《ちくしょう》、修羅《しゅら》、人道《じんどう》、天道《てんどう》」とあります。昔は本堂前にありました。その外に六地蔵、万霊塔、延命地蔵などがあります。

(10) 浄土宗飯沢山浄閑寺。浄土宗芝増上寺末。本尊、阿弥陀如来像。札所十五番「こけの露かゞやく庭の浄がんじるりのいさごのひかりなりけり」。

日蓮宗正讃寺さん(11)

このお寺さんは日蓮宗ですが真間山《ままさん》弘法寺《ぐほうじ》末です。天正《てんしょう》三年（一五七五）の創建です。日蓮宗の教線《きょうせん》としては中山法華経寺と真間山弘法寺の二つがあったのです。御本尊は釈迦如来像《しゃかにょらいぞう》です。大蛇のお告げで地中から出現したとされる石仏があります。

（11）日蓮宗法順山正讃寺。本尊、釈迦如来像。開基日乗上人。除地八畝歩。

日蓮宗本久寺さん(12)

戦国時代の元亀《げんき》三年（一五七二）の創建です。権現道沿いの日蓮宗寺院としては最古のお寺さんです。中山法華経寺末です。隣地《りんち》にあった天正《てんしょう》六年（一五七八）建立の日蓮宗本応寺《ほんおうじ》を江戸時代文化《ぶんか》の頃（一八〇四～）までに吸収合併しています。現在、本応寺の跡地には横町稲荷《よこまちいなり》という稲荷社があります。

祖師木像《そしもくぞう》は身延山《みのぶさん》第十一世日朝上人作、眼病守護日蓮大菩薩とされています。本堂欄間《らんま》に日蓮上人の一生を彫刻してあります。このお寺さんも大正六年の大津波で寺史・資料を流失しました。

（12）日蓮宗照徳山本久寺。中山法華経寺末。本尊一塔両尊（南無妙法蓮華経の七文字を書

いた塔と釈迦・多宝如来）。開基日能上人。除地四畝歩。

浄土宗教信寺(13)さん

江戸川区今井の浄興寺《じょうこうじ》の末寺で教善寺《きょうぜんじ》といいました。創建年はよくわかりません。隣地にあった札所十六番の信楽寺《しんぎょうじ》(14)さんを昭和二十八年（一九五三）に吸収合併して教信寺《きょうしんじ》となりました。信楽寺は元亀元年《げんきがんねん》（一五七〇）の建立なので古刹《こさつ》です。昭和二十年（一九四五）一月二十八日の空襲で爆破されてしまいました。

二寺合併のため古い墓石が多いのですが、本堂前に古い馬頭観音像《ばとうかんのんぞう》があります。信楽寺にあったものだそうです。宝永《ほうえい》五年（一七〇八）造立《ぞうりゅう》。起誉法師《きよほうし》、塩浜の復興のため千《せん》日念仏講《にちねんぶつこう》をたてました。

大地震、富士山の大爆発などの天災のため塩浜を復興中の農民を励ますためにお坊さんが千日念仏の願掛けをしてお堂に籠《こも》っての修業でした。千日といえば三年間のことです。このように多くの人たちの努力によって塩浜は復興されてきたのでした。

（13）浄土宗正覚山教信寺。本尊、釈迦如来像。札所十七番「おしなべてよきを教ゆるみ仏のちかひに誰も道はまよはじ」。

（14）浄土宗仏貼山信楽寺。葛西上今井村浄興寺末。開基富誉順公。除地一反畝。札所十六番「ひとすぢにまことをねがふ人はたゞやすく生るゝ道とこそなれ」。

常夜灯[15]公園

寺町通りを巡って、ここ常夜灯公園[16]へやってきました。

塩焼の歴史から寺町の成り立ちがよくおわかりになったことでしょう。

知れば知るほど、面白くなる地域です。ぜひ皆さんも寺町を巡ってみてはいかがでしょうか。

（15）成田山常夜灯。高さ約四・五メートル。『葛飾誌略』に「笠石渡およそ五尺、火袋二尺余、総高一丈五尺の大燈籠」とある。文化九年申年三月吉日建立。日本橋西河岸町と蔵屋鋪の奉納。

（16）常夜灯公園。平成二十一年（二〇〇九）十二月十二日にオープンしました。常夜灯はその時に免震装置を施しました。地震に強くより安全に市民が親しむことが出来るようになりました。

常夜灯から今井橋へ

塩業を保護するための徳川幕府の対策

前回は寺町《てらまち》の背景やどのように形成されたかなどをお話ししましたが、今回は行徳が栄えた理由を皆さんと一緒に考えてみたいと思います。

この場所は立派な常夜灯公園《じょうやとうこうえん》が整備されていますね。その内側に公園よりも一段と低い位置に道路がありますが、それがかつての江戸川堤防の跡です。平成七年（一九九五）の阪神《はんしん》・淡路大震災《あわじだいしんさい》を契機《けいき》に旧江戸川堤防の耐震診断《たいしんしんだん》が実施され、浦安市のディズニーランド上流の見明川《みあけがわ》から上流へ七千三百六十メートルの区間の耐震補強工事が必要と診断されて、高潮対策《たかしおたいさく》として耐震補強工事が実施されているのです。

徳川幕府は行徳の塩業を保護するために、東京都側の堤防の高さを制限しました。行徳側の堤防よりも高くすることを認めなかったのです。これはとても重要なことです。塩田が洪水で真水に蔽《おお》われますと、とてもひどい被害になるからです。復旧費用も莫大なものになります。

常夜灯の場所から見えている対岸の堤防は内堤《うちつつみ》といって、洪水などで水位が高くなりますと水が堤防を越して濁流《だくりゅう》が江戸川区内へ流れ込みます。その先に篠崎街道《しのざきかいどう》というバス通りがあって、そこで洪水が止まるようになっていました。篠崎街道は江戸川の氾濫《はんらん》によって出来た自然堤防です。ここがもともとの江戸川の堤防だったのです。この堤防の高さを行徳の堤防よりも高くさせなかったのです。

文化9年（1812）に設置された成田山常夜灯と公園

常夜灯の役割

新河岸《しんがし》の常夜灯についてはひとつではなくいくつかあったと思います。元禄《げんろく》三年（一六九〇）にこの場所に新河岸が出来て、旅人往来《たびびとおうらい》の河岸とされました。もちろん人だけではなくて手荷物などの小荷物も運びました。また、江戸川の上流から高瀬舟《たかせぶね》などが夜間に荷物を載せて下ってきたりしていました。

　ですから、何かしらの航行安全の対策がされていたと思いますが、常夜灯はとてもよい目印になったと思われます。常夜灯といえば文化《ぶんか》九年（一八一二）に設置された成田山常夜灯が今に残されていて行徳の歴史のシンボルとしても有名ですが、大正時代には三基の常夜灯があったことがわかっています。常夜灯は旅人の交通安全などだけを祈願していたのではないのです。

　常夜灯は江戸川の夜船《よぶね》の航行の安全のための役割もありました。夜、火袋《ひぶくろ》に灯を入れて目印にしました。なお、市川市押切《おしきり》と湊《みなと》の行政境には祭礼河岸《さいれいがし》といわれた貨物専用河岸跡が押切児童公園と排水機場になって残されていますが、この脇に水神様が祀《まつ》られていて、この世話役のことを火守《ひも》りと呼んでいました。火守りの役割は夜船を差して江戸川を行き来する船の安全のためにかがり火を焚《た》くことでした。

笹屋うどん跡

常夜灯からまっすぐにバス通りに出ますとすぐの左側に昔の笹屋《ささや》うどん店さんの趣のある建物があります。安政《あんせい》元年（一八五四）建築とされています。

笹屋の御主人は代々仁兵衛《にへえ》を名乗ってきましたが、初代の人は寛永《かんえい》十三年（一六三六）没の飯塚三郎右衛門さんです（『明解行徳の歴史大事典』）。この方は寛永三年（一六二六）建立の浄土宗浄閑寺《じょうかんじ》さんの創建に関わっておられました。また、歴代の仁兵衛さんは代々経営に辣腕《らつわん》をふるったのでしょうか、本行徳の道筋にうどん店は笹屋さんだけでした。競争相手がいなくて繁昌して、行徳船が出る時間なのに乗船客が戻らないので、船が出るよ、と迎えが来るほどでした。

なお、笹屋さんの屏風《びょうぶ》絵《え》と大看板《おおかんばん》は市川市歴史博物館に展示されています。『江戸名所図会』の「行徳《ぎょうとく》船場《ふなば》」の図にも描かれています。

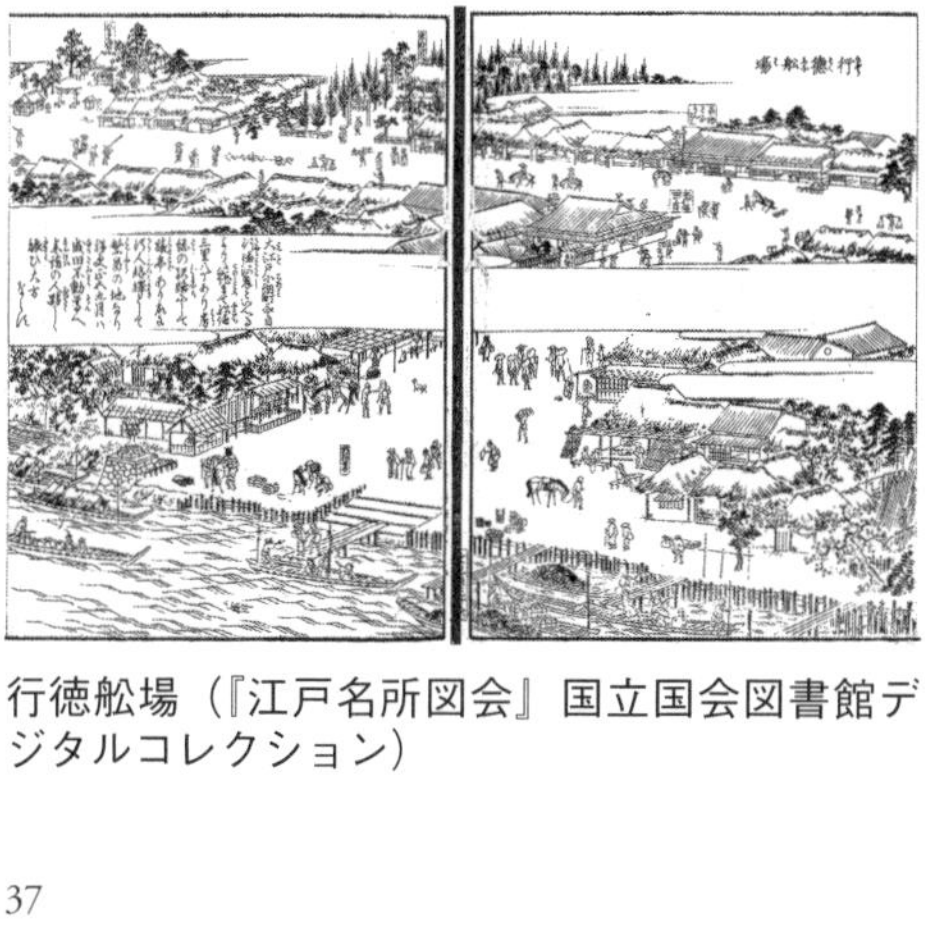

行徳船場（『江戸名所図会』国立国会図書館デジタルコレクション）

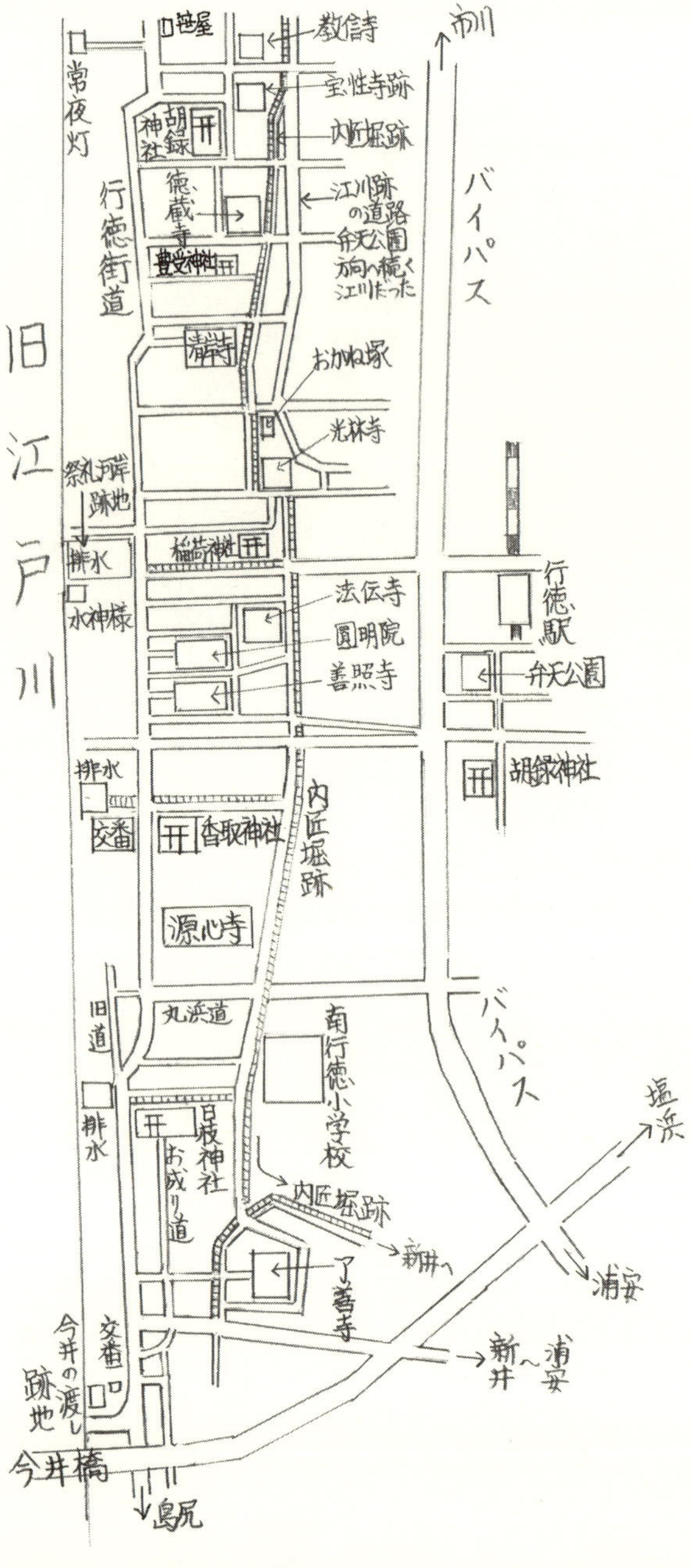

笹屋
教信寺
市川
常夜灯
宝性寺跡
胡録神社
内匠堀跡
徳蔵寺
江川跡の道路
弁天公園方向へ続く江川だった
バイパス
行徳街道
豊受神社
清岸寺
おかね塚
旧江戸川
光林寺
祭礼河岸跡地
排水
稲荷神社
法伝寺
水神様
行徳駅
圓明院
善照寺
弁天公園
胡録神社
排水
交番
香取神社
内匠堀跡
源心寺
旧道
丸浜道
南行徳小学校
バイパス
塩浜
排水
日枝神社
お成り道
内匠堀跡
新井へ
了善寺
浦安
新井へ
浦安
今井の渡し跡地
交番
今井橋
島尻

関ヶ島の胡録神社(1)さん

笹屋うどん跡から関ヶ島《せきがしま》方向へ下りますと右曲がりの直角に近いカーブになりますが、その左わきの路地がいまはありませんが宝性寺《ほうしょうじ》というお寺の参道で、途中の右側に胡録《ころく》神社《じんじゃ》さんがあります。

行徳街道（バス道路）から一歩入ると別世界に来たかのような静かな雰囲気に変ります。神社の創建年代は不明ですが、寛永《かんえい》の時代（一六二四～一六四四）なのではないでしょうか。村の形が整ったのがその頃だろうと思われるからです。

ここには明治三十九年（一九〇六）四月建立の日露戦争記念碑があります。関ヶ島村だけで祀っています。凄いことです。田中、渋谷、関口、秋本、鈴木、岩崎、谷、上村などの旧家の名が並んでいます。神輿店《みこしてん》、味噌《みそ》製造《せいぞう》などの旧家などです。

（1）祭神、面足尊《おもだるのみこと》、惶根命《かしこねのみこと》。祭日、十月十四日。

真言宗徳蔵寺(2)さん

胡録神社を出て左へ行きすぐに右に曲がると徳蔵寺《とくぞうじ》さんになります。このお寺さんの脇の道は内匠堀《たくみぼり》跡の道です。

平成十五年（二〇〇三）に新築された立派な山門です。昔、宝性寺《ほうしょうじ》[3]にあったお不動様の縁日は八月二十八日、そろばん供養は十二月三十一日に行われています。昭和四十年代（一九六五～七四）半ばに宝性寺を合併しました。

天正《てんしょう》三年（一五七五）に創建されましたので、徳川家康が行徳を天領とする前の時代のことです。その頃はまだ関ヶ島は江戸川河口に浮かぶ島でした。ここで佐原の香取神宮が関銭を徴収していたとされる行徳の関（『市川市史』第六巻上）がありましたのでお寺さんがあっても不思議ではないのです。御本尊は阿弥陀如来像です。

なお、江戸川河口が浦安市方向へ変えられたのは寛永《かんえい》二年（一六二五）頃と推測されています（『葛飾風土史　川と村と人』）。内匠堀は締切り堤防の内側に沿って掘られています。

（2）真言宗関東山徳蔵寺。真言宗小岩善養寺末。本尊、阿弥陀如来像。開基乗意法印。札所十九番「よを秋のみのりのとくをおさめつゝゆたかにのちのよをばすぐべし」。

（3）真言宗医王山宝性寺。小岩善養寺末。天正四年（一五七六）建立。本尊、薬師如来。札所十八番「□□□□□仏のたねをうへぬればくちぬ宝を身にぞおさむる」。

伊勢宿の豊受神社さん④

徳蔵寺さんを出て内匠堀跡の道を伊勢宿《いせじゅく》自治会館前まで来て右へ路地を入ると豊受神社《とようけじんじゃ》です。創建年代は不明ですが寛永以降（一六二四〜）ではないでしょうか。というのは、伊勢宿は埋立地だからです。出来上がったのは寛永二年頃です。徳川幕府は塩田開発のために江戸川河口を締め切りました。堤防の長さは約五百メートルです。堤防は川側と海側と二本ありました。その堤防の内側を埋め立てて関ヶ島《せきがしま》、伊勢宿《いせじゅく》、押切《おしきり》という三つの村を作りました。

伊勢宿は伊勢商人がたくさん移り住んだといわれています。ともかく、工事のためにたくさんの人が働いていたこと、仕事はいくらでもあったこと、塩田開発のために塩田で働く人が千五百人ほどもいたこと、家族を入れると農民の人口はもっと多いこと、江戸時代初期、船頭が五十名ほどいて家族を含めると二百名ほどにもなったこと、塩問屋が十一軒、宿屋が十軒もあったこと、江戸時代文化《ぶんか》七年（一八一〇）頃に本行徳地域は戸数千三百戸余、人口およそ五千八百人余りと推定されます（『行徳歴史街道2』）。

徳川幕府は徳川家康の方針で本気になって塩田開発を進めて、その結果として行徳の人々の仕事と生活を保護したのだと思います。

（4）もと神明社と称す。祭神、豊受大神《とようけのおおかみ》。祭日、十月十四日。創建年代不詳。

おかね塚

内匠堀跡の道をたどると右側に浄土宗清岸寺《せいがんじ》(5)さんがあります。慶長《けいちょう》十九年（一六一四）徳願寺二世行誉上人の開基とされます。御本尊は阿弥陀如来像です。

清岸寺さんのすぐ先の交差点におかね塚と呼ばれている阿弥陀如来像の庚申塔《こうしんとう》があります。寛文《かんぶん》五年（一六六五）の造立《ぞうりゅう》。この像には結衆《ゆいしゅう》男八人、僧侶名九筆、その他九十四筆の氏名が彫られていますが風化して読めません（『郷土と庚申塔』）。

いま庚申塔が置かれている場所は江戸川締切堤防跡地の端に近いところです。庚申塔はもとは違う場所、例えば行徳船が着く船着場などにあったのでしょう。たくさんの人が見るからです。庚申塔の役割が終わった時に現在地に移されたと考えていいでしょう。移転の時期としては元禄《げんろく》三年（一六九〇）頃ではないでしょうか。新河岸が設置された年です。

（5）浄土宗松伯山清岸寺。浄土宗京都知恩院末。本尊、阿弥陀如来像。除地一反二十五歩。江戸後期文化の頃（一八〇四〜）は芝増上寺預かり。札所二十番「只たのめ誓ひのふねにのりをゑてやすくもいたる清がんじ哉」。

水神様と船着場

おかね塚から内匠堀をたどると左が浄土宗光林寺《こうりんじ》(6)さんです。天文《てんぶん》年中（一五三二～五四）建立。御本尊は阿弥陀如来像です。ここも大津波で古文書すべてを失っています。

光林寺さんからバス通りに出て信号を越しますと旧の船着場跡に出ます。ここは江戸時代に祭礼河岸《さいれいがし》と呼ばれた行徳河岸で、貨物専用の河岸《かし》でした。いまは押切《おしきり》児童公園と排水機場になっています。

江戸川堤防の下に湊の水神様と呼ばれる祠《ほこら》があります。毎年六月最終土曜日に水神祭りが開催されて六千人もの人が集い水難防止の祈願をします。

昔は水神様の世話人のことを火守《ひも》りといいました。かがり火を焚《た》いて江戸川を航行する夜船《よぶね》の航行の安全を祈願していました。

昔の祭礼河岸は海側にありましたのでその頃は弁天山《べんてんやま》（別項）でかがり火を焚いていましたが、元禄《げんろく》三年（一六九〇）に新河岸《しんがし》が設置されると同時に川側に祭礼河岸が移されたので水神様を祀ったのです。

（6）浄土宗来迎山光林寺。浄土宗葛西上今井村浄興寺末。開基三誉尊了和尚。除地六反三畝歩。内陣の天井に檀家の家紋。札所二十一番「みほとけにあゆみをはこぶ後のよはひかるはやしのむらさきの雲」。

真言宗圓明院[(7)]さん

船着場からバス通りを歩くとすぐ左側に真言宗圓明院《えんみょういん》さんがあります。行徳地域のお寺さんはほとんどが行徳街道の南側（海側）にあります。

永禄《えいろく》三年（一五六〇）建立です。とても古いです。この場所は昔は欠真間《かけまま》といい、江戸時代の寛永《かんえい》六年（一六二九）に分割して湊《みなと》と名付けられた土地です。

四脚門形式、総欅《けやき》造り、漆《うるし》塗りの山門は元文《げんぶん》三年（一七三八）に建立されたもので、平成四年（一九九二）十二月十日に大改修されました。行徳子育地蔵尊、縁結び地蔵があります。

（7）真言宗水奏山圓明院。本尊、阿弥陀如来像。覚厳和尚創建。『葛飾誌略』は真言宗小岩村善養寺末、開基正誉上人、永禄五年（一五六二）建立とする。除地二反五畝歩。札所二十三番「有がたや月日の影ともろともに身は明かになるぞうれしき」。

浄土宗法伝寺さん(8)

圓明院《えんみょういん》さんの隣に昔、圦《いり》の寺と呼ばれていた法伝寺《ほうでんじ》さんがあります。天文《てんぶん》二十二年（一五五三）の建立です。

行徳は徳川幕府の保護によってとても栄えましたが、住民の教養が高く、教育先進地だったことも土地が栄えた理由に挙げられます。

江戸時代の市川市内には寺子屋や私塾が十一あったと『市川市史』にありますが、そのうちの八つは行徳にありました。あとは八幡《やわた》二、市川一でした。庶民教育が最も進んだ地域だったのです。

明治六年（一八七三）十二月十七日には法伝寺さんの中に湊小学校が開校しています。男三十二、女十六、合計四十八名でした。創設者は村長をしていた川合七左衛門です。

湊小学校はのちに明徳尋常《めいとくじんじょう》小学校と名を変えますが、昭和五十年（一九七五）五月に明徳尋常小学校開校旧跡の碑が境内に建立されました（『明解 行徳の歴史大事典』）。

湊小学校は欠真間《かけまま》小学校と新井《あらい》小学校と合併されて現在の市川市立南行徳小学校になっています。

（8）浄土宗仏法山法伝寺。浄土宗芝増上寺末。本尊阿弥陀如来像。開基観竜上人。『葛飾

誌略』では天正二年（一五七四）建立とする。昔は圦《いり》の寺と呼ばれた。札所二十二番「今よりはのちはまよはじ法《のり》のみちつたふおてらへまいる身なれば」。

弁天公園

法伝寺さんから浦安・市川バイパス道路へ出て信号を渡りますと行徳駅前二丁目に弁天《べんてん》公園《こうえん》があります。この付近も昔は市川市湊といいました。土地区画整理で名が変わりました。

江戸時代初期から元禄の頃までは弁天山という干潟に浮かぶ島でした。三百平方メートルほどの小高い丘でした。森がありました。

ここは行徳船津へ出入りする船にかがり火を焚いて航行の管理をしていたという説があります（『葛飾風土史　川と村と人』）。地誌に「湊村竜神弁財天《みなとむらりゅうじんべんざいてん》へ竜灯《りゅうとう》たびたび上る、皆拝す……今はなし」とあります（『葛飾記』）。元禄《げんろく》三年（一六九〇）に本行徳に新河岸が設置された時に押切にあった行徳河岸（祭礼河岸）が先ほどの水神様と船着場の場所に移りましたので地誌には今はなしとあるのです。

香取神社[9]さん

行徳街道のバス通りに戻って今井橋方面へ向かいますと左側に香取神社《かんどりじんじゃ》（かんどりさま）が見えてきました。この神社は行徳地域で一番古い神社です。鎌倉時代末期の一三〇〇年代後半に千葉県佐原の香取神宮《かとりじんぐう》を勧請《かんじょう》して建立されました。初めは江戸川堤防沿いにありましたが洪水の時に土地が削られてしまい、今の場所に移りました（『葛飾記』）。『香取文書《かとりもんじょ》』には「ぎゃうとくのせき」（行徳の關《せき》）などと書かれています。行徳の関の役割は江戸川を航行する船から関銭を徴収することだったと考えられています。

なお、香取は古くは檝取で読みはかんとりです。本宮と区別するために古語のかんとりの読みを使用し、それがかんどりと訛《なま》ったのです。

旧欠真間村の神社ですので現在でも湊《みなと》、湊新田《みなとしんでん》、香取《かんどり》、欠真間《かけまま》（相之川を除く）の四ヶ村で祭礼を執り行っています。

明治元年（一八六八）には市川・船橋戦争（戊辰《ぼしん》戦争）を戦った官軍が香取神社に駐《ちゅう》屯《とん》しました。

（9）祭神、経津主命《ふつぬしのみこと》、刀剣の神。祭日十月十日。

浄土宗源心寺[10]さん

このお寺さんはとても重要なお寺でした。徳川幕府が後押しして南行徳地域の要《かなめ》としたお寺さんです。慶長《けいちょう》十六年（一六一一）に大檀那《おおだんな》狩野浄天《かのうじょうてん》によって建立されました。本行徳の徳願寺さんと同時期に建てられて徳願寺さんの十石に次ぐ六石の朱印《しゅいん》を得ています。狩野氏はもとは日蓮宗でしたが浄土宗の寺を建てています。伊豆から石を運び六地蔵を立て、今はありませんが狩野氏一族の御影堂《みえいどう》を建てました。

狩野浄天の父は一庵《いちあん》といい小田原北条氏の武将で祐筆《ゆうひつ》だった人ですが八王子城で討死《うちじに》します。その二十一年後に浄天が源心寺《げんしんじ》を建てるのですが資金の出所は不明です。南行徳地域には房州の里見家の落ち武者を先祖に持つ旧家がありますが、死者を葬る寺（日蓮宗）がないので敵《かたき》（北条と徳川）の寺に葬っているという昔話があるほどです。

また、浄天は内匠堀《たくみぼり》（浄天堀）を開削したことでもよく知られています。農業用水路ですが、この内匠堀によって行徳地域の米作りの農業は大発展してたくさんの人たちの生活を潤してきました。

このように浄天のしたことを考えますと、お金というものは世のため人のために惜しまずに使うことがとても大切なことだと教えていると思います。

(10) 浄土宗西光山源心寺。本尊、阿弥陀仏（行基作）。開基増上寺中興開山源誉上人観智国師。狩野新左衛門の寄進により建立。芝増上寺末。朱印六石。明治六年（一八七三）欠真間小学校開校、六地蔵、日露戦争記念碑。札所二十五番「みなもとの清きながれをこゝろにてにごる我身もすみよかりけり」。

行徳街道について

江戸時代の寛永《かんえい》の時代（一六二四〜四四）に整備されました。ほぼ直角に曲がるカーブの多い戦国時代の道路の作りです。関ヶ島《せきがしま》の曲り角、伊勢宿《いせじゅく》の曲り角、そして欠真間《かけまま》の曲り角があります。それでは欠真間の曲り角（旧道）を通って相之川《あいのかわ》へ進みましょう。

日枝神社さん(11)

市川市相之川の鎮守《ちんじゅ》です。さんのうさまと親しまれています。万治《まんじ》二年（一六五九）に創建されました。本殿と鳥居の前面にある細い道がお成り道で、徳川家康と秀忠が東金《とうがね》に鷹狩りに行く時に通過した道です。家康と秀忠の時代には日枝神社《ひえじんじゃ》はまだ出来ていませんでした。

日枝神社の敷地のすぐ近くまで海岸が迫っていました。徳川家康はこの海岸線を視察しながら塩田開発の青写真を画いた参謀たちの話を聞いたことでしょう。

（11）祭神、大山咋神《おおやまくいのかみ》。祭日十月十四日。

浄土真宗了善寺さん(12)

日枝神社さんからは行徳街道を離れてお成り道を進みますと了善寺《りょうぜんじ》さんが左に見えてきます。応仁《おうにん》二年（一四六八）建立とされます。地誌には吉田佐太郎陣屋跡とあります（『葛飾誌略』『勝鹿図志手くりふね』）。代官吉田佐太郎は徳川家康がお成り道を通過した時に警備を担当したことでしょう。

江戸時代、天明《てんめい》の頃（一七八一～八九）境内で井戸を掘ったところ鏡や太刀を納めた石《いし》櫃《びつ》が出土《しゅつど》したと地誌（『勝鹿図志手くりふね』）にありますが出土品は今はありません。江戸時代初期は了善寺の土地は東京湾に突き出た島状の土地だったので行徳の浜はよく見渡せたことでしょう。

昭和二十～三十年代（一九四五～六四）、了善寺は小高い土塁《どるい》に囲まれ、高さ二十メートルもある松の大木が周囲にたくさんあり、境内の周囲はぐるりと水路が取り囲んでいま

お成り道のはじまりの路地。写真手前に今井橋交番と相之川自治会館がある。江戸時代の旅人は今井の渡しから上がり、この道を歩いて本行徳へ向かった

した。

（12）浄土宗親縁山了善寺。開基慈縁和尚。本尊、阿弥陀如来像。除地四反三畝十二歩。札所二十六番「まよひにし心もはれてさとるべしよき教へぞとたのむ我身は」。

今井橋⑬に到着

了善寺からお成り道へ出て左へ行き行徳街道を横ぎり、坂を上がると今井橋です。この坂道は江戸時代の江戸川堤防跡の道です。

今井の渡しを渡って徳川家康などの武将が行き来したとともに、農民が切開いた塩田がたくさんあり、そのこと

が江戸時代の後期になっても行徳の大きな魅力だったのでしょう。

(13) 今井橋。初代の今井橋は下江戸川橋として大正元年（一九一二）架橋、昭和二十六年（一九五一）一月架け替え、昭和五十四年（一九七九）現在の橋になった。初代、二代ともに木橋で橋げたの基礎の杭が干潟部分に残されている。

今井橋から御手浜公園へ

塩作りの郷の中では行徳地域の辺境の地

今回は昭和の初め（一九二六〜）まで新井村《あらいむら》と言われていた地域を巡ります。新井村そして現在の市川市新井と南行徳地域（ほぼもとの新井村）の独自性についてお話ししたいと思います。

この地域は、行徳船《ぎょうとくぶね》の恩恵もなく、成田山参詣客《なりたさんさんけいきゃく》の賑わいもなく、寺町もなく、行徳の塩作りの郷《さと》の中で最も南に位置した行徳の中では辺境の地です。そのため、村人は塩作りと米作りに専念しました。自立心が高い気風はこのようにして生まれたのだと思います。

今井橋《いまいばし》は大正《たいしょう》元年（一九一二）に下《しも》江戸川橋として架《か》けられました。この場所は江戸川で最も川幅の狭い場所です。したがって堤防はとても頑丈に出来ています。

今井の渡しを渡った旅人は見上げるような高さの堤をよいしょよいしょと上ったことで

今井の渡し旧跡（市川市相之川１丁目23番地）
左上は３代目の現・今井橋

しょう。この堤防の上から新井村を一望出来ました。新井村には神社が一、寺が二ありました。大きな村と言えるでしょう。

今井の渡しは寛永《かんえい》八年（一六三一）許可されました。当代島村《とうだいじまむら》の田中内匠《たなかたくみ》のものでした。徳川家康、徳川秀忠、小林一茶、東郷平八郎などの著名人が渡っています。

ねね塚について

今井の渡し跡から下流方向へ道路を進むと今井橋をくぐります。これは三代目の今井橋です。

ちょうど市川市南消防署広尾《ひろお》出張所のある辺りにねね塚と呼ばれた石地蔵があったと思われます。現在の案内板は江戸川堤防上の通路にあります。

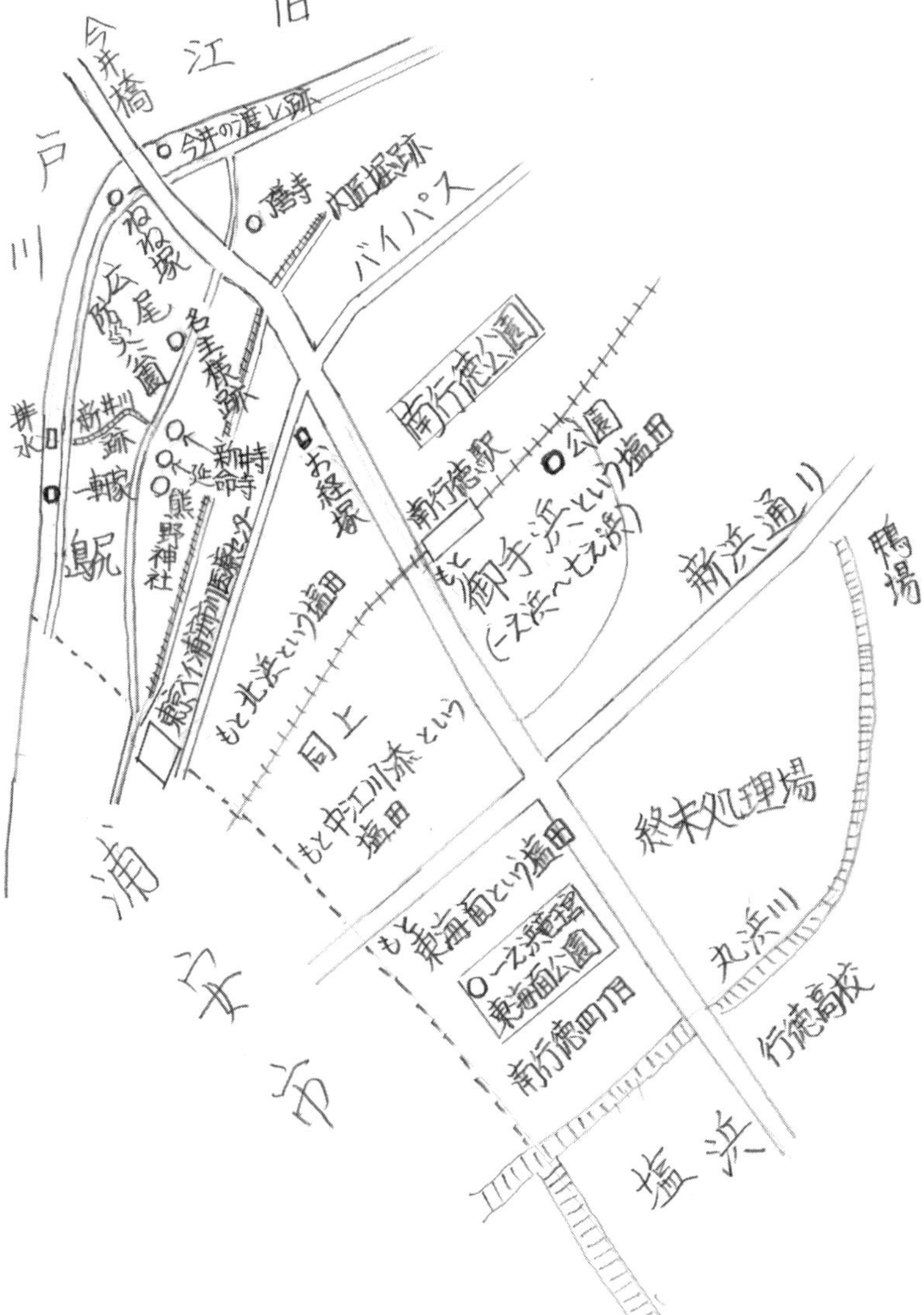
旧江戸川
今井橋
今井の渡し跡
内匠堀跡
バイパス
ねね塚
名主屋敷跡
熊野神社
お経塚
南行徳公園
南行徳駅
公園
新浜通り
鴨場
もと北浜という塩田
同上
終末処理場
丸浜川
行徳高校
南行徳四丁目
塩浜
浦安市

というのは、消防署前の道路が昔の江戸川堤防だからです。さかのぼって、さらに昔の江戸時代の元禄《げんろく》末（一七〇三）までは海水が出入りする湿地帯だったことがわかっています。その頃は堤防などなかったのです。

地誌によると正保《しょうほう》元年（一六四四）に千葉の生実《おゆみ》城主森川半弥の家来久三郎とイネが駆落《かけお》ちして今井の渡しを渡ろうとして捕えられて磔《はりつけ》にされたとのことです。哀れに思った村人が石地蔵を立てて葬り、ねね塚と言ったとあります。この石地蔵は今井の渡し下手百九メートルほどの場所にあったと書いてありますが、洪水によって行方不明になったと文化《ぶんか》七年（一八一〇）頃の地誌で指摘しています（『葛飾誌略』）。

広尾防災公園

広尾《ひろお》防災公園は平成二十二年（二〇一〇）四月一日に開園しました。その前は工場敷地でした。防災公園を含む市川市広尾一・二丁目地域は、その前は水田と沼地ばかりでした。江戸時代前期は海水が出入りする湿地帯で、洪水の度に遊水地の役割を果たしました。元《げん》禄《ろく》十六年（一七〇三）以後に干拓されて水田と沼地になりました（『葛飾誌略』）。

新井村の人たちの素晴らしさは、この大工事を自分たちの資金でやったことです。地域の独自性といえるでしょう。隣村の欠真間村《かけままむら》と当代島村《とうだいじまむら》も資金提供したらしく（史料はない）完成後に土地を分割しています。飛び地としての字が残っているのでそう思えます。市川市の史料はありません（『行徳歴史街道4』所収「小林一茶が見た新井村の風景」）。

この時に現在、新井緑道としてある場所に真水の用水路として新井川を掘って給排水をしていました。内匠堀《たくみぼり》その他の水路から真水を引水したのです。

島尻の一軒家

防災公園から堤防上を歩いて島尻《しまじり》のマンション群のエリアに来ました。海の香りが強まったように思えます。すぐ隣町は浦安で海辺の町という感じですね。

この辺はついちょっと昔の昭和三十年頃（一九五五～）は田圃《たんぼ》ばかりでした。家はたったの一軒しかなくて新井の人たちは島尻のことを一軒家《いっけんや》と呼んでいました。明治十年（一八七七）に蒸気船通運丸が江戸川筋を航行することになった時に船着場が作られて一軒家という名前が付けられています（『行徳郷土史事典』）。通運丸を就航させた会社は今は日本通運（日通）といっています。

東京ベイ浦安・市川医療センター付近

市川市と浦安市の境界近くに東京ベイ浦安・市川医療センターという病院があります。救急病院で地域の中核となっています。昔は避《ひ》病院と言った時代もありました。

医療センターの前身は大正《たいしょう》元年（一九一二）に浦安町・南行徳村組合立伝染病舎として設立されました。明治末期に浦安町にコレラが大流行しましたので浦安町と南行徳村が資金を出し合って自分たちの病院を作ったのです。これはとても素晴らしいことだと思います。見事な独自性を発揮しています。

江戸川の水はとてもきれいで飲み水として利用されていました。水道はまだありませんでした。その水は江戸時代は江戸城の茶の湯に使用されていたほどです。浦安の境川を流れるその水を飲めなくなりましたので大騒ぎだったわけです。もっと上流から水を汲んで運びました。

伝染病舎は当初、避《ひ》病院とも言いました。コレラなどから避難するという意味です。ところが新井では「ひ」は「し」と訛りますので、いつしか死《し》病院となってみんな怖がって病院へ行かなくなり、病気が蔓延《まんえん》する原因にもなったほどです。

避病院はのちに葛南《かつなん》病院、浦安・市川市民病院と名を替え、今は医療センターに発展しています（『行徳郷土史事典』）。

名主さま

医療センターから行徳街道を今井橋方面へ向かうと新井新田バス停に着きます。

名主《なぬし》さまといわれた旧家が近くにありました。名主さまというのは屋号《やごう》です。現在は新井の地におられませんが、代々当主は清兵衛《せいべえ》を名乗っていました。天保《てんぽう》の時代（一八三〇～四四）に亡くなった清兵衛さんは行徳金堤《ぎょうとくきんてい》を名乗った俳人で小林一茶が何度か清兵衛宅を訪れていました。新井村にも俳句をたしなむ農民が何人かいたことでしょう。

行徳は堤に囲まれた土地です。堤がなくては生きて行かれないのです。ですから金銀と等しくあるいはそれ以上に価値がある堤という意味で金堤と名乗ったとされています（『勝鹿図志手くりふね』）。粋《いき》な人ではないですか。

真言宗延命寺さん(1)

浦安方向へ少し戻って新井バス停脇の路地を入ると延命寺《えんめいじ》さんがあります。御本尊は大日如来像です。慶長《けいちょう》元年（一五九六）建立とされます。このお寺さんでは二つのことをお話ししましょう。

　首切り地蔵と呼ばれるお地蔵様をお祀りしています。このお地蔵さまは昔は新井川の出口付近にありました。お地蔵さまの台座には今歳寛政《こんさいかんせい》七年乙卯《きのとう》七月十三日別当寺《べっとうじ》新井村《あらいむら》延命寺《えんめいじ》と刻まれていました。じつはその十二年前の天明《てんめい》三年（一七八三）七月六日と七日に浅間山《あさまやま》が大爆発してたくさんの人や家畜、家の残骸《ざんがい》などが江戸川を流されてきました。延命寺のお坊さんと檀家の人たちはこの死人を収容して葬りました。寛政七年（一七九五）はその十三回忌《かいき》に当ります。死者を葬った江戸川縁《べり》に地蔵尊を建立して法要を執り行ったと思われます。

　明治・大正の時代にこの地蔵尊に願掛けの風習が生じて、願い事がある人は地蔵の首を外して草むらに隠し、願いが叶ったら首を乗せるということをしました。ですからいつ行っても首がない地蔵尊でしたので首切り地蔵と呼ぶようになりました。なお、首がないので別の人は首だけを作って乗せてそれを外して草むらに隠して願い事をしましたので、新井川の清掃をした時に川の中からいくつかの地蔵尊の首が出てきたことがあったといわれています（『明解　行徳の歴史大事典』）。現在のお地蔵さまは昭和六十一年（一九八六）に再建された新しいお地蔵さまです。

延命寺さんについてのもう一つのお話は新井小学校設立のことです。明治七年（一八七四）行徳金堤の息子の鈴木清兵衛さん、この人も名主でしたが、その人が新井小学校を延命寺内に設立しました。もちろん新井村の人たちの協力があったことでしょう。男三十四、女十三、合計四十七名、教員一名、お寺の学校と親しまれました。のちに合併されて南行徳小学校になっています（『郷土読本 行徳塩焼の郷を訪ねて』）。

新井村だけで小学校を作るということにも地域の独自性が発揮されていると思います。

（1）真言宗宝珠山延命寺。真言宗小岩善養寺末。本尊、大日如来。開基真誉法印。札所二十八番「そのかみのそゝぎし菊のながれともはこぶかさしのゑん命じかな」。

新井の熊野神社さん

延命寺さんのお隣に熊野神社さんがあります。祭神はイザナミノミコトで女神です。元《げん》和《な》年中（一六一五～二四）建立とされます。

境内に日露戦争記念碑があります。新井村だけの資金で建てています。この辺にも独立独歩の気風が窺えるでしょう。元帥侯爵大山巌の書とあります。

お経塚（市川市新井3丁目16番）
お経を書いた貝殻は明治・大正時代に大流行したコレラのときに盗掘されてしまったが、昭和20年代でも貝殻や経具が出土した。土地区画整理により約3mの盛土がされて現在に至る

お経塚

熊野神社を出て左へ、バイパスを越すと新井三丁目ですが、その一角にお経塚《きょうづか》があります。

曹洞宗《そうとうしゅう》新井寺《しんせいじ》(2)のお坊さんが貝殻にお経を書いて塚を作り津波や洪水の災厄《さいやく》がないように祈ったとされています。いまから三百年以上昔の元《げん》禄《ろく》（一六八八〜）〜宝永《ほうえい》（一七〇四〜）の時代とされています。

貝殻という物は現代では産業廃棄物になってしまいますが、江戸時代の新井村《あらいむら》では壊れた堤防を修復する時の大切な材料でした。貝殻を砕いて東京湾の海底の土と混ぜて突き固めると固くて丈夫な堤防になりました。貝殻にお経を書くということにはそのような意味があったのです。

なお、浦安町にコレラが流行《はや》った時にお経塚の貝殻を煎《せん》じて飲むとコレラに罹《かか》らないという風評が立って盗掘されてしまいました（『行徳郷土史事典』）。

（2）曹洞宗秋葉山新井寺。元和二年（一六一六）建立。開基能山和尚。本尊、釈迦如来。秋葉祠あり。札所二十七番「いさぎよきあらゐにやどる月かげの誓ひはいつもあらたなりけり」。

御手浜公園

ここへ来る途中に富美浜《ふみはま》小学校がありましたが、ここの校庭は大きく丸い形をしていましたね。これは塩田跡地を小学校の敷地にしたのでそのままの形を残したのです。周辺の道路は塩田へ海水を引入れるための水路（江川《えがわ》という）跡地です。このような形は行徳の新浜《にいはま》小学校や南沖《みなみおき》児童交通公園などの敷地にも見られます。

さて、御手浜《おてはま》という名称ですが、これは一之浜《いちのはま》から七之浜《ななのはま》までの七つの塩田を総称して呼んだ名前です。この塩田開発は徳川幕府の直轄事業で塩焼の百姓を救済するための公共

事業としての性格が強かったものでした。ですから御手浜といったのです。寛政《かんせい》三年（一七九一）に作りました（『葛飾誌略』）。

　特徴としては海の中へ七つの塩田を作ったということです。堤防を海の中に作り水門を作り塩田にしました。ですから堤防が壊れるともとの海に戻ってしまうのです。行徳地域がゼロメートル地帯といわれる遠因はここにあるのです。

　御手浜の地域は現在の南行徳一丁目と二丁目の地域です。とても広い面積です。小学校が二、中学校が一含まれています。

東海面公園

　南行徳四丁目の東海面《とうかいめん》公園に来ました。東海面というのは塩田の名前です。広大な公園の周囲を囲む松の木は汐垂《しおだ》れ松の意味です。松の公園です。

　ここに一之浜竜王宮《いちのはまりゅうおうぐう》、別称竜宮《りゅうぐう》さまと呼ぶ塩田の守り神が祀られています。南行徳一丁目の昔の一之浜にあったお宮《みや》を土地区画整理事業の時に東海面公園に遷座《せんざ》したのです。

　新井村には他人の土地を踏まずに海岸まで出られるという豪農がいました。自力で塩田を開拓してそうなったのです。素晴らしいことではありませんか。

一之浜竜王宮（竜宮さま）。市川市南行徳4丁目7番の東海面公園内にある

新井村の地域は、本行徳の新河岸や寺町の恩恵はまったくありませんでしたが、それがために、行徳金堤のような文人が出、また、海岸まで他人の土地を踏まずに行けるという豪農が出現するような自立心旺盛な気風が漂っていたのでしょう。

次回のお話は塩作りの農民の子孫たちが土地区画整理事業という徳川家康の塩田干拓の事業に勝るような大事業を自分たちの資金で実行したことを中心に進めたいと思います。

南行徳公園から東西線行徳駅まで

昔があって今がある

南行徳公園内にある南行徳第一土地区画整理組合記念碑前に来ています。

今回の行徳散歩では、行徳の農民が土地区画整理事業を通じて、後世の子孫である子どもたちに何を遺したかということを最初にお話ししたいと思います。

先人たちの汗と涙の結晶の上に現在の生活がある、昔があって今がある、ということを知って欲しいと思っています。

農民にとって土地はとても大切なもの

農民にとって「土地」はとても大切なものです。先祖代々受け継いできたものでした。その土地を少ない農民で十五%、多い人は四十%もの面積を無償で市川市に提供しました。

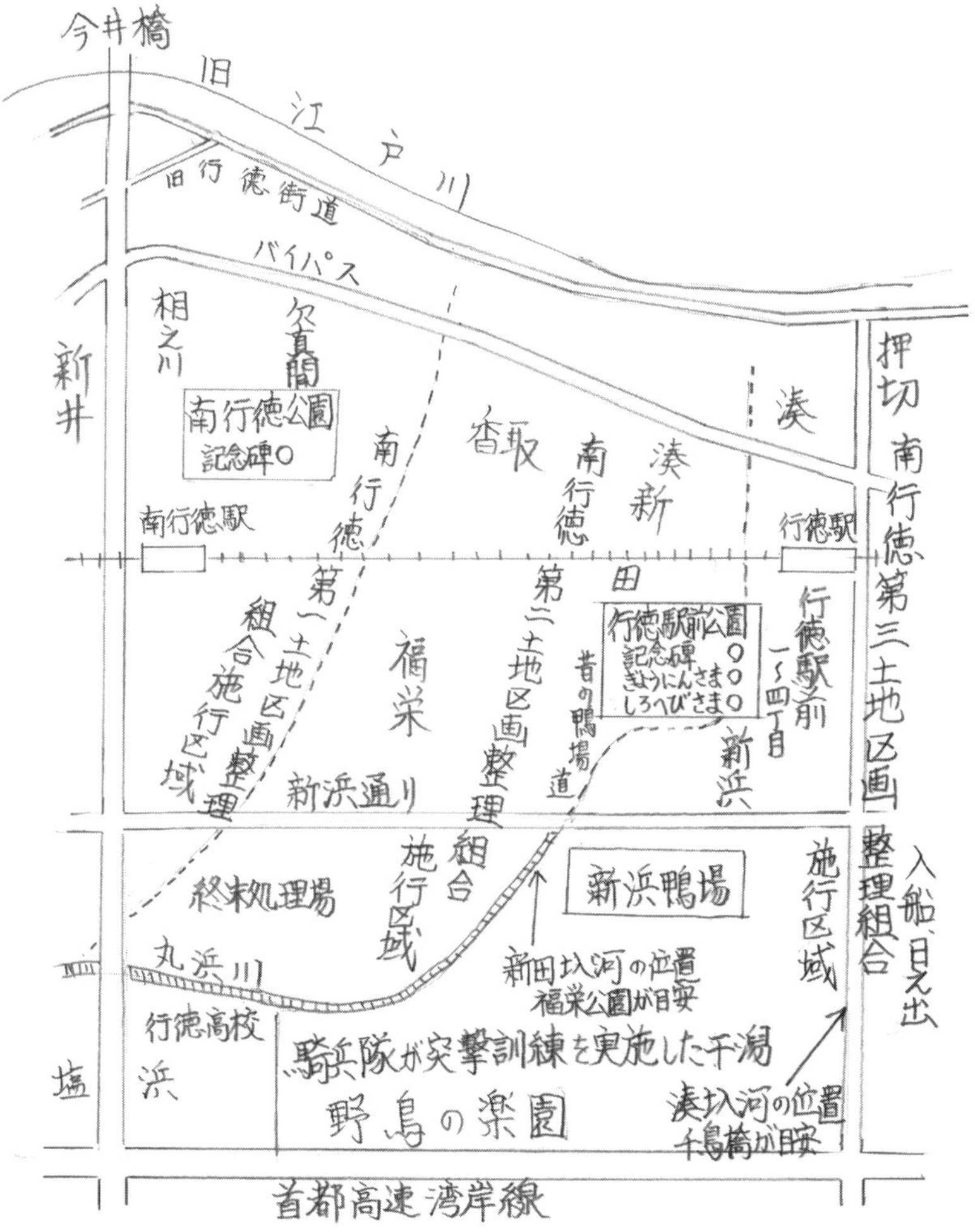
今井橋
旧江戸川
旧行徳街道
バイパス
相之川
欠真間
新井
南行徳公園
記念碑○
南行徳駅
香取
南行徳
湊新田
湊
押切
行徳駅
南行徳第一土地区画整理組合施行区域
福栄
第二土地区画整理組合施行区域
昔の鴨場道
行徳駅前公園
記念碑○
ぎょうにんさま○
しろへびさま○
行徳駅前一～四丁目
新浜
南行徳第三土地区画整理組合施行区域
新浜通り
終末処理場
新浜鴨場
入船、日之出
丸浜川
新田圦河の位置
福栄公園が目安
行徳高校
塩浜
騎兵隊が突撃訓練を実施した干潟
野鳥の楽園
湊圦河の位置
千鳥橋が目安
首都高速湾岸線

それらの土地は主に小中学校の敷地として利用され、残りは市川市の公園や道路、公共施設などに利用されました。

学校の名前や公園の名称、行政区画の名称など様々なところに塩焼をしていた頃の塩田の名前が付けられました。

当時の行徳の農民は学歴はとても低かったのですが、学歴ではとても表すことの出来ない高い教養を身に付けていたと言えるでしょう。それは塩焼で栄えた文化的水準の高い行徳気質《かたぎ》として受け継がれてきたものでした。

行徳の農民が自ら主導して実施した土地区画整理事業

行徳地域の土地区画整理事業は、行徳の農民が自ら主導して実施した事業でした。行徳、南行徳地域には八つの土地区画整理組合があり、合計五九九万八〇〇二平方メートルの区画整理を実施しました（『行徳郷土史事典』）。

これまでの行徳の地の変革は、徳川幕府の軍用第一としての塩田開発、昭和の時代の塩田経営の禁止と米作りのための開墾は時の政府の方針として実施されたものでした。

記念碑には、「今、ここに立ち、まぶたを閉じて往時を回想するとき今昔《こんじゃく》の感禁じ難く

万感胸に迫り言うべき言葉を知らない」と刻まれています（『明解　行徳の歴史大事典』所収「市川市行徳北部土地区画整理組合記念碑」）。

農民たちは行徳の地を行徳水郷と呼ばれた見事な水田地帯から、区画整理によって日本一住みやすい街にしようと決意したのです。

そして、行徳の名所旧跡は区画整理事業によって掘り起こされ手厚く保存されてきました。そのいくつかを皆さんとともに歩いてみましょう。

南行徳公園の記念碑

市川市南行徳第一土地区画整理組合記念碑には八百五十名の組合員の名前が刻まれていて、その中に筆者の名前も刻まれています。

昭和三十五年（一九六〇）二月、南行徳農業協同組合（現ＪＡ市川）の総会で決定、翌三十六年から南行徳地区を三地区に分けて実施し、第一土地区画整理組合は昭和四十二年（一九六七）二月起工式、昭和四十八年（一九七三）六月に竣工しました。最も早い事業着手であり竣工でした。

施工面積は一七八万三九〇平方メートル（約五十四万坪）でおよそ百八十町歩になりま

すが、それは江戸時代の文化十二年（一八一五）の行徳塩浜十七ヶ村の塩浜反別に匹敵する面積でした。これは行徳・南行徳地域の区画整理面積の二十九・六％を占める最大の組合でした。

農民たちが子孫に残したもの、それは子どもたちが勉学に勤《いそ》しむことが出来るように、住民が文化に慣れ親しめるように、人々が良好な住環境で生活が出来るように、と配慮がされているのです。

放送を観《み》ている子どもたちへぜひ伝えたいことがあります。君たちが将来大人になったら後輩たちのためにいつかきっと何かをしてあげてくださいね。それが先輩の農民の子孫である私たちの願いなのです。

行徳駅前公園内の史跡

【ぎょうにんさま】

ぎょうにんさまは万海《まんかい》という名前のお坊さんでした。

万海は寛永《かんえい》二年（一六二五）頃に出来上がった江戸川の締切堤防工事をつぶさに見ていました。万海は締切堤防によって江戸川の流れが変り全国各地から来る大船の航路が途絶

市川市南行徳第一土地区画整理組合記念碑。最大の組合だった。
市川市相之川4丁目1番の南行徳公園内にある

土地区画整理組合記念碑のある公園

南行徳第一土地区画整理組合記念碑	南行徳公園	市川市相之川4丁目1番
南行徳第二土地区画整理組合記念碑	行徳駅前公園	市川市湊新田2丁目4番
南行徳第三土地区画整理組合記念碑	南根公園	市川市行徳駅前1丁目15番
行徳土地区画整理組合記念碑	行徳中央公園	市川市富浜3丁目10番
行徳北部土地区画整理組合記念碑	寺町公園	市川市本行徳4番
行徳中部土地区画整理組合記念碑	塩焼中央公園	市川市塩焼5丁目6番
行徳南部土地区画整理組合記念碑	行徳南部公園	市川市幸2丁目4番
妙典土地区画整理組合記念碑	妙典公園	市川市妙典6丁目1番

えてしまったことを惜しんで、「そのことを末世に伝えよ」と遺言して死にました。万海は現在の行徳街道近くの畠に葬られました（『葛飾記』）。

寛永六年（一六二九）最初の塩浜検地の時（これを古検という）、万海が葬られた土地が湊村と名付けられました（『葛飾記』）。

それから百年ほど経った享保《きょうほう》六年（一七二一）に小宮山杢之進《こみやまもくのしん》という代官が徳川吉宗によって登用され、湊村地先で大規模な堤防工事を三回にわたって実施しました（『葛飾誌略』）。その時に、万海の墓は海の中に作った立派な堤防の上に遷《うつ》されました。場所は今の行徳駅前公園の近くで、昔は新浜鴨場《にいはまかもば》へ続く鴨場道の脇にありました。

万海の墓が移された場所は昭和の時代になっても「行人《ぎょうにん》」という字地となって残されていました（『市川市字名集覧』）。地元有志の方が祠を建ててこのように手厚くお祀りしているのです。


【しろへびさま】


ぎょうにんさまの祠の脇に祀られています。しろへびさまはこの地域の塩田の守り神でした。

鴨場道の脇にぎょうにんさまと一緒に祀られていました。その場所近くに「竜宮《りゅうぐう》」という字地がありました（『市川市字名集覧』）。

福栄公園の昔の話

福栄公園《ふくえこうえん》のある場所は昔「新田圦河《しんでんいが》」と呼ばれていた船着場でした。湊新田《みなとしんでん》、香取《かんどり》、欠真間《かけまま》の漁師の船が集まっていました。

江戸時代は新田圦河から内陸へ水路が続いていて塩田へ海水を取り入れる役割の水路でした。福栄公園から行徳駅前公園方向へ区画整理地を斜めになって横切っている道路がその水路の跡地です。水路跡地を住宅地に出来ませんので道路として残したのです。その水路はおかね塚の側を通って本行徳四丁目まで続いていました。

鴨場《かもば》を挟んだ反対側には押切《おしきり》や湊《みなと》の漁師が利用していた「湊圦河《みなといが》」という船着場がありました。

新浜鴨場と野鳥の楽園

明治二十六年（一八九三）に塩田跡地を政府が買い取って鴨場が作られました。

鴨場周辺の農地や海上は鳥獣保護区として「御猟場《ごりょうば》」とされ、一般人の狩猟が禁止されましたので野鳥の天国になりました。地元の住民は野鳥のことを「おとりさま」と呼んで、時には農作物や養殖の海苔《のり》を食い荒らしたりするおとりさまと長い間共存してきました（『郷土読本　行徳塩焼の郷を訪ねて』）。

陸上では土地区画整理が始まり、海上でも埋め立て工事が始まり、おとりさまは最大のピンチでしたが、人々は「鳥も人も大切」と言って昭和五十五年（一九八〇）に行徳近郊緑地特別保存地区、通称野鳥の楽園を作りました。小中学校が六十校ほどすっぽりと入ってしまうような広大な面積でした。

海苔養殖の危機を救った騎兵隊の突撃訓練

行徳の海苔養殖は明治三十三年（一九〇〇）南行徳村初代村長川合七左衛門により成功しました。当時の行徳漁民は漁業権がなかったので浦安漁民が反対していました。

明治三十四年（一九〇一）十月四日、浦安漁民が行徳地先の三番瀬《さんばんぜ》へ大挙して船で押し寄せました。行徳の住民は鎧兜《よろいかぶと》と刀で武装した人が湊圦河にたくさん集まるなどしてとても緊迫しました。

その時、国府台《こうのだい》に駐屯《ちゅうとん》していた騎兵隊が現在の野鳥の楽園の辺りで砂浜になっている干潟に下りて、馬に乗って鉄砲を打ちながら突撃する大規模な訓練を実施しました。

そのため浦安漁民が驚いて引き揚げましたので、浦安漁民と行徳漁民の流血の惨事は未然に防がれました。

この時の騎兵隊の指揮官は南行徳村初代村長の息子の川合與七郎《よしちろう》だったのですが、このことにとても感謝した南行徳村の住民は日露戦争記念碑を香取《かんどり》の源心寺に建立した時に、出征軍人五十二名の筆頭に川合與七郎の名を刻んだのでした（『行徳歴史街道』所収「日露戦争と行徳海苔」）。

東西線行徳駅の駅名の不思議

行徳駅は昭和四十四年（一九六九）三月二十九日に開業しました。駅舎はかつての湊《みなと》村《むら》と押切村《おしきりむら》、つまりともに旧南行徳町の上にまたがって建っています。それは南行徳駅が将来出来る予定でしたので「南行徳駅」とは名付けられなかったからでした。南行徳駅は昭和五十六年（一九八一）に開業しています。

行徳は古来より「駅」であり、すなわち「水駅」でした。往昔《おうせき》は塩などの物資を大船の上で売買する湊津《みなとつ》でした。大正十二年（一九二三）発行の『東葛飾郡誌』にも「本行徳駅」とあります。

現在の行徳は「陸駅」であり、東西線の南行徳駅、行徳駅、妙典駅とＪＲ京葉線市川塩浜駅の四駅があります。

徳川家康の方針で風光明媚な行徳の浜に産業としての塩田開発がされました。昭和四年（一九二九）には塩田を禁止して国策で水田に変更されました。現代の行徳は農民自らの決断によって土地区画整理を実施してこのような経済的な繁栄を築きました。

昔があって今がある、先人たちの汗と涙の結晶の上に現在の生活がある、このことを私たちの子孫に伝え遺していくことが大切なことだと思うのです。

河原の渡しから妙典村妙好寺まで

二度集団移転した村

今回は市川市河原《かわら》の江戸川沿いにやってきました。江戸川放水路の堤防の上から行徳橋と可動堰《かどうぜき》が見えます。行徳橋の付近に大和田村《おおわだむら》があって大正（一九一二〜）初期に放水路を掘ることになり全村集団移転をしています。かつて戦国時代に行徳橋の位置付近に移転していますので二度目の集団移転ということで昔のもといた地域へ戻った珍しい村です（『行徳歴史街道5』所収「移転した村と鎮守と寺」）。

もちろん塩焼稼業《しおやきかぎょう》をするために大昔に移り住んだのですが、塩焼はやはり今日のような晴天続きでないと稼ぎがないわけです。そんなわけで郷土史のガイドなどをしていてもやはり天候というものが行徳の農民に大きく影響しているということを実感するわけです。

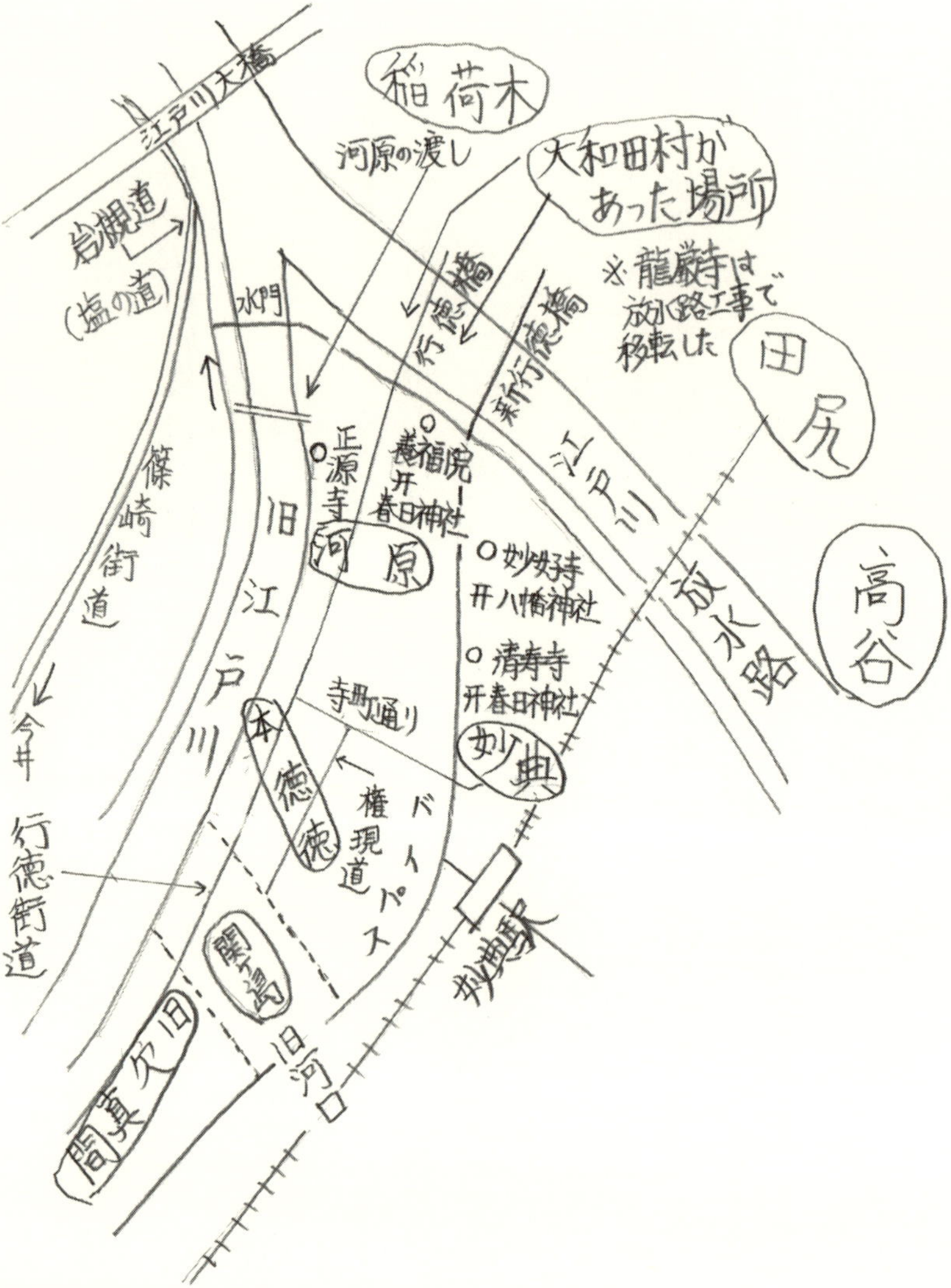

稲荷木
大和田村があった場所
※龍巌寺は放水路工事で移転した
田尻
高谷
江戸川大橋
岩槻道
(塩の道)
水門
河原の渡し
行徳橋
新行徳橋
江戸川
放水路
篠崎街道
旧江戸川
正源寺
養福院
春日神社
河原
妙好寺
八幡神社
清寿寺
春日神社
寺町通り
妙典
本行徳
権現道
バイパス
今井
行徳街道
関ヶ島
旧欠真間
旧河口
妙典駅

塩の道の出発地点は河原村だった

河原村は戦国時代末期から江戸時代初期にかけて物流の中心地であり大いに栄えた村だったと思います。ただ、この点についての直接的な史料がないことが残念です。

物流といいますと、たくさんの荷が河原村に集まって来たということです。

『江戸川区史』によりますと、戦国時代から埼玉県の岩槻《いわつき》まで塩を運ぶ塩の道として岩槻道という道があったと書いています。現在の篠崎街道《しのざきかいどう》、昔は市川道といいましたが、この河原の渡しを渡った江戸川区側の道から先を岩槻道と呼んでいましたし、江戸川区内の昔の地図にもそうあります。また、その地図には江戸から行徳や市川へ向かう道に河原道という名の道が何本かあることです。

重要なことは河原の渡しを行徳側へ渡った河原村が岩槻道の出発地点だと書いてあることです。岩槻道は行徳の河原村そのものから始まっていると。だから、河原村に年貢塩を除いた売買可能な塩が集まったに違いがないのです。

本行徳村は行き止まりの地だった

徳川家康が行徳を天領とする前の時代は小田原《おだわら》北条氏《ほうじょうし》が支配していて行徳から塩年貢

を徴収していました。行徳七浜《ぎょうとくななはま》という塩田経営をする七つの村（稲荷木《とうかぎ》、大和田《おおわだ》、河原《かわら》、田尻《たじり》、高谷《こうや》、妙典《みょうでん》、本行徳《ほんぎょうとく》）がありましたが、本行徳村は江戸川の最下流の村で、その先は欠真間《かけまま》と呼ばれた荒地ばかりで塩は採れませんでした。つまり、いろいろな意味で本行徳村は行き止まりの村だったのです。

ただ、本行徳村は中世から国府《こくふ》である国府台《こうのだい》の国府津《こうづ》だったことが知られていますので、本行徳地先の海上に大船が着いた湊があったことは知られています（『郷土読本 市川の歴史を尋ねて』）。海上輸送の拠点だったわけです。中世には関ケ島《せきがしま》に通行税である関銭《せきせん》を徴収する関があったこともわかっています。

しかし、陸上の輸送路は河原の渡しを渡って行われていたことでしょう。行徳七浜の立地条件からしても河原村はその中心に位置しています。また、正源寺《しょうげんじ》、養福院《ようふくいん》、龍厳寺《りゅうごんじ》の三つの寺が河原村にありましたので、その隆盛のほどがわかります。

河原村

江戸時代初期までの物流という点から見ますと、自由競争の時代だったと言えます。つまり、物流についての規制がありませんでした。行徳についていえば、渡しは自由に行き来出来たといえます。

北条氏に塩年貢は納めていましたが、それ以外の物流や生産については自由に行われていたと考えられます。大船による海上輸送は本行徳村地先の湊で行いますが、それ以外はすべて河原の渡しを利用した陸送だったのではないかと推測しています。残念なことに史料はありません。

この時代の今井の渡しは浅草から今井へ来る津《わたり》であって行徳へ行く旅人の渡しなどはありませんでした。本行徳にも渡しがあったと記録されていません。仮にあったとしても記録されない程度の小規模なものだったことでしょう。ですから河原の渡しはとても重要なのです。あとは市川の渡しまで江戸川を遡《さかのぼ》ってしまいます。それでは行徳の物流としてはとても不便でしょう。また江戸から房州へ向かう旅人も河原道を通って河原の渡しを利用した方が近道で便利だったのです。

もう一つ加えますと、第二次国府台合戦が永禄《えいろく》七年（一五六四）に戦われて北条氏が勝利しますが、この時に篠田雅楽助清久《しのだうたのすけきよひさ》という武将が河原の地を恩賞としていただくわけですが、問題は篠田氏が河原の地を願っていただいたのではないかということです（『行徳歴史街道5』所収「河原村の栄枯盛衰」）。篠田氏は河原を分割して一方を妙典村《みょうでんむら》とするわけです。ここに日蓮宗の妙好寺《みょうこうじ》も創建しました。付け加えますが、篠田氏が大和田村とか田尻村とかなど他の村をいただかなかったのは何故でしょうか。考えてみましょう。

こうなりますと旧河原村（妙典を含む）に寺が一つ増えて四つもあることになります。河原村の財力というものがバックにあります。

これが徳川家康が天領とする以前の状態として史料はないのですが描けるわけです。

河原の渡し跡

この場所が渡し場跡地ですが、渡しがあって荷がたくさん集まるということは大変な利権があったということです。これは自由競争ということが前提になっています。

徳川家康はこの点についての青写真の中で、本行徳村を中心とする行徳領の支配体制というものを考えていたと思います。それは本行徳よりも下流域の塩田開発と関係していました。それが完成しますと地理的にも本行徳村は中心に位置するからです。

江戸との交通は行徳船による輸送とし、行徳に貨物専用の行徳河岸（祭礼河岸ともいう）を作ること、参勤交代制を作ること、などで交通の規制を強化して、渡し場で旅人を渡すことを禁止したのです。渡し場としては市川の渡ししか旅人は使えなくなりました。

江戸川水門（篠崎水門）より下流を遠望。カーブした左岸が河原村跡、右側が旧伊勢屋村。河原の渡しは江戸時代初期まで古より栄えていた渡しと推測できる

江戸川水門を渡った信号を右折した道路。この先で現篠崎街道に合流するが、それは戦国時代から存在した塩の道である岩槻道である。なお、信号を左折すると桜並木になるが、そのはずれ付近が河原村からの渡し船の上がり口になっていた

河原の渡しも旅人と物流が規制されました。こうして徳川幕府によって河原村の利権はすべて本行徳村へ移されてしまいました。結果として塩の陸送は出来なくなり、茶船や高瀬船などによる水上輸送に変更されました。

河原の春日神社[1]さん

この神社は行徳橋を下った左にありますが、河原村の鎮守で、大正初期の江戸川放水路開削工事の時に行徳橋の中ほどにあった場所から現在地に遷座《せんざ》されたのです。

春日神社には文学碑が多くあります。「寿《す》司《し》和《にぎ》りむかしをしのぶ渡し舟　平成八年（一九九六）こばやし」は今から二十年前に自費で建てています。このように文化というものはお金がかかるものなのです。河原圦《かわらいり》の遺石碑《いせきひ》というものもあります。文化《ぶんか》九年（一八一二）行徳信楽楼《しがらきろう》で九十八人の句会があり、妙典二人、河原二人の名があります。弘化《こうか》三年（一八四六）には総勢八十二名の巨大俳句サークルがありました。下妙典名主宅に句会帳が保存されていました。

（1）祭神、「天児屋根命《あめのこやねのみこと》。祭日十月十日。大永七年（一五二七）造立《ぞうりゅう》。大正三年（一九一四）現在地に移転。

日蓮宗妙好寺さん②

妙好寺《みょうこうじ》さんの門前の道は成田道《なりたみち》です。江戸中期以降は大いに利用されて年間十万人ともいわれる成田詣の旅人が行き交《か》って賑わいました（『郷土読本 行徳塩焼の郷を訪ねて』所収「江戸庶民の三泊四日の小旅行」）。

門を入るとすぐに石塔がありますが、これは供養塔です。安政《あんせい》二年（一八五五）十月二日とありますが、これは安政江戸地震で江戸川河口が震源で死者四千人余、安政三年八月二十五日とあるのは大津波の被害者の供養です。山門は市川市の有形文化財ですが、宝暦《ほうれき》十一年（一七六一）造立、平成九年（一九九七）修復のものです。山門を入ると左に地蔵尊があります。大正六年（一九一七）十月一日未明の台風による大津波で犠牲になった人々を悼《いた》んで祀られました（『明解 行徳の歴史大事典』）。先の平成二十三年（二〇一一）三月十一日の東日本大震災の犠牲者を悼む地蔵尊を加えています。

徳川幕府の政策で河原村はさびれましたが、その前に篠田氏により河原から分割されていた妙典は塩田開発の成功により本行徳村と肩を並べるほどの大きな村となりました。徳川幕府は発展した妙典村を上下二つに分割しましたが、これは本行徳村を凌駕《りょうが》するような村にはさせないという幕府の意向が働いたと推測されるのですが、それでも文化の香り高い河原村の気風は受け継がれて現在に続いています。

（2）日蓮宗妙栄山妙好寺。永禄八年（一五六五）八月十五日中山法華経寺十一世日典上人の法孫日宣法印により開山創立。開基檀頭は小田原北条家の家士篠田雅楽助清久。本尊日蓮上人像。除地一反一畝歩。江戸時代、妙典村には日蓮宗以外の他宗一軒もなしといわれた（『葛飾誌略』）。

行徳を訪れた文人たち

松尾芭蕉が歩いた行徳と鹿島紀行

芭蕉略年譜

一六四四年（寛永《かんえい》二十一）伊賀上野《いがうえの》（今の三重県《みえけん》の西部）赤坂町に生まれる。幼名を金作、後に甚七郎、更に忠右衛門というが異論もある。名乗りを松尾宗房《まつおむねふさ》という。父は元伊賀平氏《へいし》で准士分《じゅんしぶん》の身。成人になる頃に藤堂進七郎家《とうどうしんしちろうけ》（五千石）に料理人として出仕《しゅっし》する

一六六四年（寛文《かんぶん》四）芭蕉《ばしょう》二十一歳で最初の作品を発表。「姥桜《うばざくら》さくや老後の思ひ出」

一六七二年（寛文十二）芭蕉最初の撰集『貝おほひ』を出す。この年、江戸に下向《げこう》。東《あずま》下《くだ》りという。この時に芭蕉は鯉屋市兵衛《こいやいちべえ》（俳号杉山杉風《すぎやまさんぷう》）宅に草鞋《わらじ》を脱ぐ

一六七七年（延宝《えんぽう》五）小石川水道工事に四年間従事。草稿費用捻出のためか

一六八〇年（延宝八）芭蕉、深川元番所脇の杉風《さんぷう》所有の生《い》け簀《す》付の池の側の小屋に移り住

む。翌年、門人李下から芭蕉の株を贈られ、ここを芭蕉庵《ばしょうあん》と呼ぶようになる

一六八六年（貞享《じょうきょう》三）春、「古池や蛙《かわず》跳びこむ水の音」を詠《よ》む。八月十五日、芭蕉庵での月見の会の時、「名月や池をめぐりて夜《よ》もすがら」を吟《ぎん》ず

一六八七年（貞享四）八月十四日、月見のために曽良・宗波を伴って鹿島へ赴《おもむ》く。この時の紀行文は「かしまの記」として芭蕉の最大の庇護者《ひごしゃ》杉山杉風に与えられた

一六八九年（元禄《げんろく》二）三月二十七日、『おくのほそ道』の旅に出立《しゅったつ》。八月下旬大垣着。九月伊勢に足を延ばし、二見浦《ふたみがうら》で詠んだ句が「うたがふな潮《うしお》の華《はな》も浦の春」で浄土真宗法善寺《じょうどしんしゅうほうぜんじ》に句碑がある

一六九四年（元禄七）十月十二日没。享年五十一。

松尾芭蕉は江戸前期の俳人。名は宗房。号は「はせを」と自署。別号、桃青《とうせい》・泊船堂・釣月庵・風羅坊など。（中略）句は「俳諧七部集」などに結集、主な紀行・日記に『野ざらし紀行』『笈の小文』『更科紀行』『奥の細道』『嵯峨日記』などがある。一六四四〜一六九四。（『広辞苑』第四版）

芭蕉は没する四日前に句を詠んだ

芭蕉は元禄七年（一六九四）十月十二日、五十一歳で没しました。亡くなる四日前の句に「旅に病んで夢は枯れ野をかけ廻《めぐ》る」があります。生涯を俳句に捧げ、風流という世界の夢の中で「夢中に生きた人」だったのでしょう。

本項は芭蕉が出会ったであろう行徳の風景と夜船《よぶね》を差して鹿島に月見《つきみ》行脚《あんぎゃ》した紀行文『鹿島紀行』（『かしまの記』ともいう）を芭蕉が与えた人物との関わり、そして、行徳塩浜の様子を紐解いてみたいと思います。

芭蕉の目的

芭蕉の目的は、鹿島の臨済宗《りんざいしゅう》瑞甕山根本寺《ずいおうざんこんぽんじ》内の長興庵《ちょうこうあん》に隠居《いんきょ》する第二十一世仏頂上《ぶっちょうしょう》人《にん》を訪ねて、仲秋《ちゅうしゅう》の名月の月見をして句を詠むことでした。仏頂上人は芭蕉にとって禅《ぜん》の心を教えてくれた師匠《ししょう》でした。

『瑞甕山根本寺小史』によれば、推古天皇朝《すいこてんのうちょう》に聖徳太子《しょうとくたいし》が勅《ちょく》を奉《ほう》じ、本尊に東方薬師如《とうほうやくしにょ》来《らい》を安置して建立《こんりゅう》された本邦最古《ほんぽうさいこ》の寺とされます。徳川幕府から寺領百石を給され、例年正月には住職が江戸城に赴き、将軍に賀詞を述べたとされます。

権現道を歩いたのか

芭蕉が本行徳《ほんぎょうとく》の地に船から上陸したのは今から三百三十年前の貞享《じょうきょう》四年（一六八七）八月十四日でした。この年、芭蕉は四十四歳でした。出発地は江戸深川の芭蕉庵で、門人の曽良・宗波を伴い「門より舟に乗りて行徳と云《い》ふ處《ところ》に至る」と『鹿島紀行』にあります。仕立《した》て船を用意したのか、行徳船を借切ったのかは不明です。資料として『鹿島紀行』全文を文末に添付しました。

芭蕉が乗った船は小名木川《おなぎがわ》から船堀川《ふなぼりがわ》（別称新川）を通過、江戸川へ出て、川を横切り、対岸の船圦川《ふないりがわ》（現浦安市当代島の船圦緑道）を抜けて東京湾へ出ました。そのまま北上し、現在のお経塚《きょうづか》～行徳駅前公園～弁天公園～おかね塚～伊勢宿《いせじゅく》自治会館前を通過して本行徳四丁目に達しました。その頃の海岸線はおおよそ現在の浦安・行徳バイパス周辺と考えられます。

芭蕉が船を下りた行徳船津《ぎょうとくふなつ》は海側にありました。江戸川沿いの新河岸《しんがし》は芭蕉が来た三年後になって設置されましたので、芭蕉は新河岸を知らなかったのです。

芭蕉は船の上からおかね塚を見たのか、行徳船津に置かれたおかね塚を見たのか、いずれかでしょうが、紀行文には書かれていません。芭蕉の興味を引かなかったのでしょう。

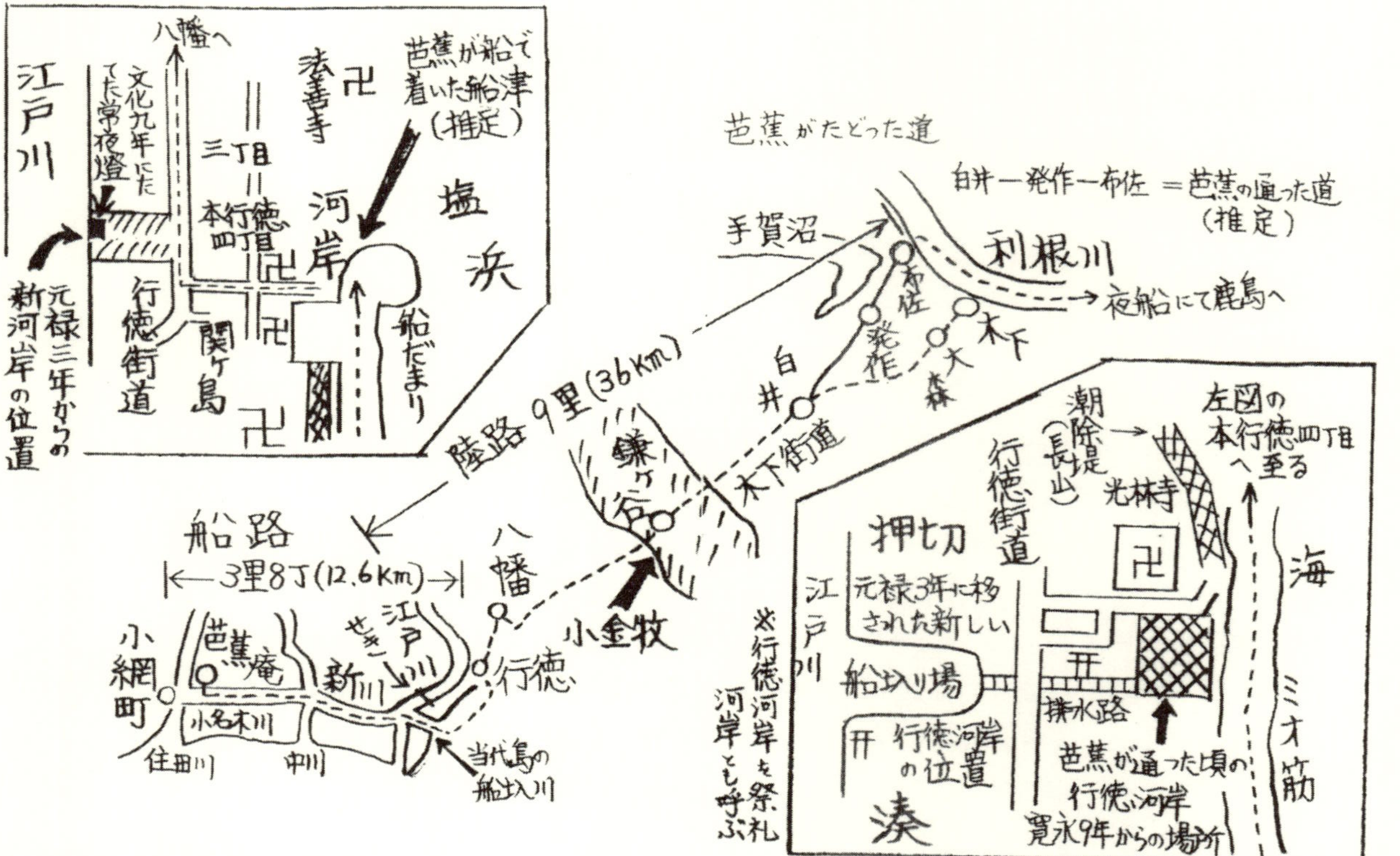

松尾芭蕉と行徳河岸（作図　鈴木和明）

また、芭蕉は権現道《ごんげんみち》を歩いたのか、新道《しんみち》と呼ばれていた行徳街道を歩いたのかは不明です。ただ、風流人の芭蕉は権現道沿いの寺町《てらまち》を眺めながら通過したと考えたいのです。新道というのは、今でいう産業道路ですから（『行徳歴史街道2』所収「松尾芭蕉と行徳河岸」）。

行徳塩浜は塩焼の煙が充満していた

旅の初日は晴天でした。これは紀行文の記述からわかるのです。しかし、芭蕉ほどの粋《いき》な人が行徳で句を詠んでいません。それはとても不可解なことです。次のようなことが考えられます。

①旅の日程がとても詰まっていて余裕がなかった（その日の夕方には利根川縁《べり》の布佐《ふさ》というところに到着していますので急ぎ旅だったとわかります）

②行徳塩浜の「塩焼《しおやき》の煙」があたり一面に充満していて煙害だった（こちらの方が確かなことだったと考えられます）

行徳塩浜で塩焼をする竈家《かまどや》の数はどのくらいあったのでしょうか。この時代の塩浜反《しおはまたん》別《べつ》は百九十一町《ちょう》歩《ぶ》余《よ》で、一町歩につき最低一ヶ所の竈家があったとして百九十一ヶ所あり（実際はもっと数が多かったはず。塩田の規模が七反とか五反とか小さいものが多かったから）、芭蕉が船を下りた本行徳村周辺だけでも百ヶ所前後の竈家があったものと計算出来ます（『行徳の歴史・文化の探訪2』所収「松尾芭蕉が行徳を通過して行った時代とは」）。

　問題は芭蕉が通過した次の日は雨であり、その前日は南西の風あるいは西の風、または南東の風が吹いていたと推定出来ます。行徳では秋に雨が降る前日は必ず南寄りの風が吹くからです。前線あるいは低気圧が西から通過するためです。

　従って芭蕉が通過した日は、前日までの砂干《すなほ》しで得た鹹砂《かんさ》から採取した鹹水《かんすい》を釜《かま》に

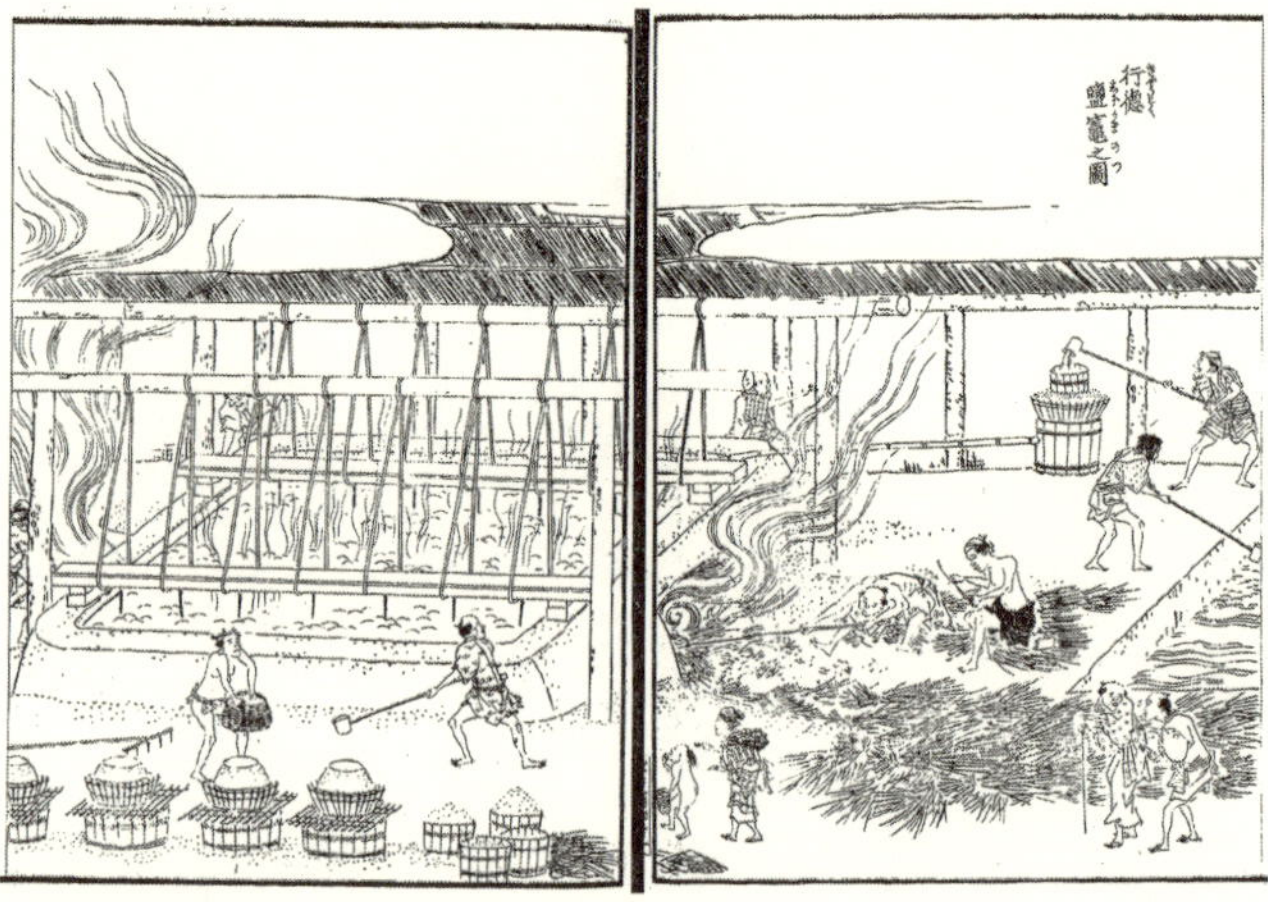

行徳塩竃之図
（『江戸名所図会』国立国会図書館デジタルコレクション）

入れ塩焼をする作業が行徳塩浜で一斉にされていたはずなのです。天候の見立ては相当に正確にされていたと考えていいでしょう。薪は松枝・松葉を使います。火力がとても強く価格が安いので大量に使われました。そのため行徳塩の別名を「オマツ焚き」と言ったほどです（『房総三州漫録《ぼうそうさんしゅうまんろく》』）。

行徳塩浜は、風光明媚《ふうこうめいび》で堤と松の景観に優れた地として紹介されますが、一面、唯一最大の産業としての塩田経営があり大工業地帯でした。今でいう「公害」としての「煙害」があったわけです（『江戸名所図会』所収「行徳塩竈《しおがま》之《の》図《ず》」参照）。

このような現実的な指摘はこれまでの郷土史の文献ではまったくされていませんでした。しかしこれは実際にあったと思われます。

芭蕉が通過したこの日は、ちょうど、塩焼作業が行われた当日だったものと推定出来ます。さすがの芭蕉も興趣《きょうしゅ》が湧かなかったことでしょう。煙にまかれてゴホゴホと咳をしながら俳句を詠むことは出来なかったのでしょう。

夜船はとても快適だった

芭蕉の一行は、行徳街道～八幡《やわた》～鬼越《おにごえ》～木下道《きおろしみち》を歩き、夕方暗くなってから利根川縁《べり》

の布佐《ふさ》という河岸に到着しました。行徳からここまで九里（約三十六キロ）あります。とても速足《はやあし》で歩いたのでしょう。一里を一時間で歩いたとして九時間もかかる距離なのです。
なぜ急いだのか、理由があります。それは利根川を夜船《よぶね》で下るという風流を楽しむためでした。迎えの船が来るまで漁師の家で休憩をしましたが、利根川で捕った鮭《さけ》の生臭《なまぐさ》い臭《にお》いが立ち込めていました。翌日の雨の予兆でしょうか、湿気が強かったのです。

夜船の旅は快適でした。紀行文にあるように、芭蕉が船に乗っていた時間はたまたま満月が地平線に沈んで隠れましたので（これを『隈無く』と書いています）、満天の星空で、雲一つない天気でした。せせらぎの音、櫓《ろ》のきしみ、虫の音《ね》と興趣は尽きなかったことでしょう。

はるばると月見に来る甲斐なきこそ本意なきわざなれ

翌朝、鹿島の根本寺を目指して出発しましたが、昼頃よりしきりに雨が降り、楽しみにしていた和尚《おしょう》との月見は出来ませんでした。しかたなく、寺に寝ました。

明け方になって、暁《あかつき》の空がいささか晴れ渡りましたので芭蕉は和尚を起こしました。しかし、月の光が差したかと思うと、雨の音がしきりとするという低気圧が通過する時の特徴的な情景描写がされています。

芭蕉は「月の光、雨の音、ただ哀《あわ》れなる気色《きしょく》のみ胸に満ちて、云《い》ふべき言《こと》の葉《は》も無《な》し」と情景描写し、「はるばると月見に来《きた》る甲斐《かい》なきこそ本意《ほい》なきわざなれ」と嘆《なげ》いたのでした。

和尚は「をりをりにかはらぬ空の月かげも　千千《ちぢ》のながめは雲のまにまに」と詠み、芭蕉は「月はやし梢《こずえ》は雨を持ちながら」「寺に寝てまこと顔なる月見かな」と詠みました。

臨済宗根本寺境内の芭蕉句碑（茨城県鹿嶋市大字宮中2682番地）

根本寺境内句碑に次のようにあります。
[碑表]　　月はやし梢は雨を持ちながら　はせを翁《おう》
[左側面]　葉うら坊敬書
[右側面]　宝暦《ほうれき》戊《つちのえ》寅年《とらのとし》長月　南湖連中建之《これをたてる》（『房総の芭蕉句碑　下総編』より）
長月は陰暦《いんれき》九月、戊寅は宝暦八年（一七五八）、「梢は」の「は」は句碑では「ハ」に

なっています。
なお、もう一句の「寺に寝てまこと顔なる月見かな」は「寺に寝て真こと顔なる月み哉」として、根本寺住持《じゅうじ》平成乙亥《きのとい》年（平成七年〈一九九五〉）建立の句碑が立てられています。

行徳にも芭蕉の句碑がある

行徳における芭蕉句碑で代表的なものは浄土《じょうど》真宗《しんしゅう》法善寺《ほうぜんじ》境内《けいだい》にある「潮塚《しおづか》」です。

［碑表］　芭蕉翁
　うたがふな潮《うしお》の華《はな》も浦の春
［碑陰］　得雄和尚在世
　寛政《かんせい》九丁巳歳《ひのとみのとし》冬　戸田麦丈《とだばくじょう》建立
　借地料寄附　堀木以閑《ほりきいかん》
　及川鼠明《おいかわそめい》
（『房総の芭蕉句碑　下総編』）

「う」は句碑では「宇」となっています。この句は元禄《げんろく》二年に伊勢二見浦での句とされています。

法善寺さんには堀木以閑と及川鼠明の名がある句帳が遺《のこ》されていました。この二人の家はいまでも檀家《だんか》なのだそうです。

もう一基の芭蕉句碑「月はやし梢は雨を持ちながら」が、行徳街道沿いの田中邸門前に設置されています。これは本行徳の田中愛子氏が祖父と父の法要の時に建立したもので、祖父、父ともに俳号を持つ粋人でした。このように行徳には俳句をたしなむ庶民が多数おられたわけです。

魚屋の旦那が芭蕉の庇護者

さて、芭蕉は月見に行ったことを『かしまの記』として著して、それをイの一番に杉山杉風《さんぷう》という人物に与えます。この人は江戸日本橋小田原町で魚問屋を営む鯉屋市兵衛《こいやいちべえ》で、鯉を商《あきな》う御用商人でした。寛文《かんぶん》十二年（一六七二）芭蕉二十九歳の時に初めて江戸へ出て二十六歳の杉風のもとに草鞋《わらじ》を脱ぎました。以後、芭蕉が亡くなった後も芭蕉の庇護者《ひごしゃ》として尽《つ》くしました。

武家の祝い事には必ず鯉を用い、鯉屋は鯉が不足すると一般の民家に行って、池の鯉を捕まえても良いという特権を持っていました（『日本橋魚河岸物語』）。

杉風は商売用の鯉を生け簀をつけた池に飼っていました。その池の番人用の小屋を改造して芭蕉が住みました。そこを芭蕉庵といいました。なお、江戸川で捕れる鯉は紫鯉と呼ばれて珍重されていました（『葛飾記』）。

夢か現《うつつ》か幻《まぼろし》か

鹿島の仏頂上人と月見をした七年後の元禄《げんろく》七年（一六九四）十月十二日に芭蕉は亡くなりました。門人の焼香者八十名、会葬者百余名でした。

亡くなる四日前に「旅に病んで夢は枯れ野をかけ廻《めぐ》る」を詠みました。芭蕉の一生はいつも俳句という夢の中の世界をかけ廻っていたものと推察出来ます。

この世の中の出来事は「夢か現《うつつ》か幻《まぼろし》か」という言葉がありますが、芭蕉にとってはすべてが夢の中の出来事だったに違いありません。

同年十月十八日、宝井其角《たからいきかく》の「なきがらを笠に隠すや枯尾花《かれおばな》」を発句《ほっく》に追善百韻興《ついぜんひゃくいんこう》行《ぎょう》が行われました。連衆四十三名。追善集として『枯尾花』が刊行されました。

資料　鹿島紀行（日本古典全集『芭蕉全集』前編　所収）

洛《らく》の貞室《ていしつ》、須磨《すま》の浦の月見に行きて、

松かげや月は三五夜中納言《さんごやちゅうなごん》

と云《い》ひけん狂夫《きょうふ》の昔もなつかしきままに、此秋鹿島《このあきかしま》の山の月見《つきみ》んと思ひ立つことあり。伴ふ人二人、浪客《ろうかく》の士《さむらい》一人、一人は水雲《すいうん》の僧、僧は鴉の如《ごと》くなる墨《すみ》の衣《ころも》に三衣《さんえ》の袋を衿《えり》に打掛《うちか》け、出山《しゅっさん》の尊像を厨子《ずし》に崇《あが》め入れて後ろに背負ひ、桂杖《しゅじょう》引き鳴らして無門《むもん》の關《かん》も障るもの無く、天地《あめつち》に獨歩《どっぽ》して出《い》でぬ。今一人は僧にもあらず、俗にもあらず、鳥鼠の間に名をかうふり《こうもり》の鳥無き島にも渡りぬべく、門より舟に乗りて行徳と云ふ處《ところ》に至る。舟を上がれば馬にも乗らず、細脛《ほそはぎ》の力を試さんと徒歩《かち》よりぞ行く。甲斐国《かいのくに》より或人《あるひと》の得させたる、檜《ひのき》の木もて作れる笠を各戴《いただ》き装《よそ》ひて、八幡《やわた》と云ふ里を過ぐれば、かまかい《鎌ケ谷》が原と云ふ廣《ひろ》き野あり。秦甸《しんてん》の一千里とかや、目も遙《はる》かに見渡さるる筑波山《つくばさん》、向ふに高く二峰《ふたみね》並び立てり。かの唐土《もろこし》に雙剣の峰ありと聞えしは廬山《ろざん》の一隅《いちぐう》なり。

雪は申さず先《ま》づむらさきのつくば哉《かな》

と詠みしは我が門人嵐雪が句なり。すべて此山は日本武尊《やまとたける》の言葉を傳《つた》へて、連歌《れんが》する人の始めにも名付けたり。和歌無くば有るべからず、句無くば過ぐべからず、眞《まこと》に愛すべき山の姿なりけらし。萩《はぎ》は錦《にしき》を地に敷けらんやうにて、為仲《ためなか》が長櫃《ながひつ》に折り入れて、都の土産《つと》に持たせたるも風流憎からず。桔梗《ききょう》、女郎花《おみなえし》、刈萱《かるかや》、尾花《おばな》乱れ合ひて、小男鹿《さをしか》の妻恋ひ侘《わ》びる、いと哀れなり。野の駒處《こまところ》得顔《えがお》に群れ歩《あ》りく、又哀れなり。日既《すで》に暮れかかる程に、利根川のほとり、ふさ《布佐》と云ふ處に着く。此川にて鮭《さけ》の網代《あじろ》と云ふものを巧《たく》みて、武江《ぶこう》の市《いち》に鬻《ひさ》ぐ者あり。宵《よい》のほど其漁家《そのぎょか》に入《い》りて休《やす》らふ、夜の宿腥《なまぐさ》し。月隈《くま》無く晴れけるままに、夜船差し下して鹿島に到る。晝《ひる》より雨頻《しき》りに降りて、月見るべくもあらず。麓《ふもと》に根本寺の前《さき》の和尚、今は世を遁《のが》れて此處《このところ》におはしけると云ふを聞きて、尋ね入りて臥《ふ》しぬ。頗《すこぶ》る人をして深省《しんせい》を発せしむと吟じけん、暫《しばら》く清浄《せいじょう》の心を得るに似たり。曉《あかつき》の空いささか霽《は》れけるを、和尚起し驚かし侍《はべ》れば、人人《ひとびと》起き出でぬ。月の光、雨の音、唯《た》だ哀れなる気《き》色《しょく》のみ胸に満ちて、云ふべき言《こと》の葉《は》も無し。遙遙《はるばる》と月見に来たる甲斐《かい》無きこそ本意《ほい》無きわざなれ。かの何がしの女《むすめ》すら、時鳥《ほととぎす》の歌《か》え詠《い》まで帰り煩《わずら》ひしも、我が為めには良き荷《か》擔《たん》の人ならんかし。

をりをりにかはらぬ空の月かげも　　和尚

千千《ちぢ》のながめは雲のまにまに

月はやし梢は雨を持ちながら　桃青
寺に寝てまこと顔なる月見かな　同
雨に寝て竹起きかへる月見かな　曾良
月さびし堂の軒端の雨しづく　宗波

神前

此杉の實ばえせし代や神の秋　桃青
拭《ぬぐ》はばや石の御座《おまし》の苔の露　宗波
膝折るやかしこまり啼く鹿の聲　曾良

田家

刈りかけし田面の鶴や里の秋　桃青
夜田刈りに我や訪はれん里の月　宗波
賤の子や稲磨《す》りかけて月を見る　桃青
芋の葉や月待つ里の焼畑《やきばたけ》　同

野

ももひきや一花摺《ひとはなず》りの萩ごろも　曽良

花の秋草に食ひ飽く野馬かな　同

萩原や一夜は宿せ山の犬　桃青

　帰路自準に宿す

塒《ねぐら》せよ藁干す宿の友雀　松江

秋をこめたるくねのさし杉　桃青

月見んと汐引きのぼる舟とめて　曽良

貞享丁卯仲秋末五日

小林一茶と行徳金堤・太乙和尚の交遊

一茶の滑稽の中に潜む、哀愁・孤独・貧困に心を留める

今日は、小林一茶《こばやしいっさ》が新井村《あらいむら》の名主《なぬし》鈴木清兵衛《せいべえ》（俳号行徳金堤《ぎょうとくきんてい》）の著書『勝鹿図志《かつしかずし》手くりふね』（文化《ぶんか》十年〈一八一三年〉刊行）の作成に深くかかわっていたこと、高谷村《こうやむら》の真《しん》言宗安養寺《ごんしゅうあんようじ》の太乙和尚《たおつおしょう》も俳句を寄稿していたことなどをお話ししたいと思います。

また、金堤と一茶は同門同期であり、違いは金堤の俳句は道楽で、一茶はプロだったことです。したがって、名主の地位にある金堤が一茶の後援者として振舞っている様《さま》が読み取れます。

【一茶の代表作】

やせ蛙《がえる》まけるな一茶これにあり

我ときて遊べや親のない雀

真言宗安養寺の本堂。小林一茶は新井村名主鈴木清兵衛を伴って2泊した

やれ打つな蝿《はえ》が手をすり足をする
名月をとってくれろと泣く子かな
雀の子そこのけそこのけお馬が通る
ともかくもあなたまかせの年の暮
めでたさも中位《ちゅうくらい》なりおらが春

今井の渡しを渡って新井村へ来た

文化《ぶんか》十二年（一八一五）十月二十四日、小林一茶、新井村名主鈴木清兵衛宅を訪問しました。そして、清兵衛を伴って(1)行徳街道を歩き、高谷村真言宗海岸山安養寺(2)に住職《じゅうしょく》の太乙和尚を訪ね、一茶と金堤は二泊しました。この年、一茶五十四歳、金堤五十四歳でした。同い年でした。

一茶の行路《こうろ》は江戸から徒歩《とほ》で逆井《さかさい》の

小林一茶が歩いた道
今井の渡し
名主清兵衛宅
成田道
高谷村
安養寺
この部分は放水路で消滅
迅速測図1880(明治13)
行徳レポート その(1)より
明治13年 1：20,000
市川駅・逆井村・八幡町・船橋駅
32

渡しを渡り、行徳道《ぎょうとくみち》（現東京都江戸川区今井通り）をたどって今井の渡しを渡り、新井村へ来たものと推定出来ます。

その根拠は次の『七番日記《しちばんにっき》』の記載中、「荒井《あらい》ヨリ高谷ニ入《いる》」とあることで、新井村に立ち寄ったことは明らかです。その場合、行徳船で本行徳新河岸《ほんぎょうとくしんがし》へ上陸するのは如何《いか》にも遠回りであるからです（前頁図参照）。また、清兵衛が本行徳新河岸まで出迎えに行ったのであれば、日記に「荒井ヨリ」とは書かないからです。

資料　『七番日記』（『一茶全集』第三巻　句帳Ⅱ）

文化十二年十月
四陰《いん》　終日《しゅうじつ》　荒井ヨリ高谷ニ入《いる》

五雨

六晴　夜小雨
布川《ふかわ》ニ入《いる》　逢近嶺《あうきんれい》

（著者註）
陰は曇りで終日の意、荒井は新井村

この日は中山法華経寺《なかやまほけきょうじ》を見物、二十六日の条のあとに記載がある

近嶺は下総《しもうさ》の俳人で取手《とりで》の住人、布川は利根

中山《なかやま》正《しょう》 中山《ちゅうざん》法《ほ》花《け》経《きょう》寺《じ》訪

山門建立　文化九年四月

　当山九十一世僧正法印日顕

大鐘　文化十一年

　大願主　中村歌右衛門

　　九十二世日慎《にっしん》

（中略）

　高谷　二

（後略）

川縁《べり》の河岸。ここで取手から来た近嶺も一緒に泊まる（『一茶大事典』）

中山法華経寺

高谷に二泊したということ

一茶は各地での宿泊日数を記録していた

（1）『七番日記』には鈴木清兵衛を伴ったということが書かれていません。その点は『一茶大事典』より引用しました。

（2）安養寺の住職は俳号太乙を号していました（『一茶大事典』より）。『一茶漂泊―房総の山河』（井上脩《しゅう》之介《のすけ》著）では、「一茶がこの寺に出入りしたのは、『随斎筆記《ずいさいひっき》』（江戸蔵前の札差夏目成美）などに句の見える俳僧太乙（初号一由）が住職をしていたからで、境内に辞世句『撫子《なでしこ》のはれ行く空や西の山』を刻んだ墓碑が現存する」としている。なお、墓碑は現存しています。

鈴木清兵衛（行徳金堤）著『勝鹿図志手くりふね』には二百三十五の句が載せられている

上下二冊本の二冊目の句集巻頭部分に「名月や所がらとはたゞのこと　金堤」とあります。

片浦の汐よけ椿咲にけり　一茶（一茶の句は信濃の俳人の項の記載）
浦澄て月には影もなかりけり　太乙（太乙の句は上総の俳人の項に記載）
六月《みなづき》の雨や大空見へてふる　一由（一由の句は行徳の俳人の項に記載）

句集の巻末に金堤は四句を載せています。

薺摘《なずなつみ》て七種《ななくさ》はずむこゝろ哉《かな》
風そよそよ蝙蝠《かはほり》見ても夜を更《ふか》す
玉笹や露の長居をする所

大雪やまた春遠くなる心

行徳の俳人は金堤を入れて二十七名が句を寄せています。その中の一人が安養寺住職俳号一由（または太乙）和尚であり、他に雅乙《がおつ》という俳号の人物がいます。

「行徳」と肩書が付けられた俳人は次の通りです。

紅二、和来、図南、らく女、在舟、安子、其山、斗七、文史、一由、東芸、是平、浣黒、柳下、糸道、阜来、舟慶、柳翠、一我、烏暁、市慶、円遊、暮泉、香明、雅乙、葛陵、金堤（『影印・翻刻・注解　勝鹿図志手繰舟』）

雅乙の句は次の通り。

禿《はげ》山の木がらし何を吹をとす　雅乙

『勝鹿図志手くりふね』は文化十年刊行ですが、同時期の地誌として文化七年刊行の『葛《かつ》飾《しか》誌《し》略《りゃく》』があります。この地誌の中に雅乙の句が載せられています。

朝霧や利根に横たふ竹筏《たけいかだ》　雅乙

金堤の俳句は道楽だった

行徳の俳人（実際行徳の住人であるかは不詳）として名の知れた人物が別にいます。浄土真宗仏性山法善寺に建立されている「潮塚《しおづか》」の句碑に名のある「戸田麦丈《ばくじょう》建立、借地料寄附堀木以閑《いかん》、及川鼠明《そめい》」の三名の名ですが、『勝鹿図志手くりふね』にはありません。没交渉だったのでしょうか。それとも鈴木清兵衛が師事した加舎白雄《かやしらお》とそれに連なる夏目《なつめ》成美《せいび》の作風（葛飾派）とは違った派に属していたのでしょうか。あるいは、図志編纂の時にすでに亡くなっていたのでしょうか。

　夏目成美は『勝鹿図志手くりふね』の跋文《ばつぶん》（あとがき）を書いています。

　一方で、夏目成美は一茶にとって最大の後援者であり、また、師でもありました。この点からいえば、鈴木清兵衛と一茶は同門であり、同時期を生きた人でもあります。二人の異なる点は、清兵衛にとっての俳句とは「道楽であること」であり、一茶にとっての俳句は「職業であること」だったと言えます。

　一茶のプロとしての収入、生活はとても厳しいものであり、各地の支援者のもとを点々と行脚《あんぎゃ》して、施《ほどこ》しを受けて生活の糧《かて》を得ていたのです。このことを一茶は『七番日記』などで自嘲《じちょう》交じりに書いています。

小林一茶の生活

宝暦《ほうれき》十三年（一七六三）五月五日、信濃国《しなののくに》水内郡柏原村（長野県信濃町柏原）の中農の家、小林弥五兵衛の長男として生まれました。名を弥太郎といいました。母が死に八歳の時、継母を迎え、折り合いが悪く、十五歳で江戸へ奉公に出されました（農家の長男を奉公に出すこと自体が異常）。その後の十年間の消息は不明とされます。

奉公に出された十年後の天明《てんめい》七年（一七八七）一茶二十五歳の時、一茶の俳号で「是《これ》からも未《ま》だ幾《いく》かへりまつの花」を詠みました。この頃、幕府書院番《しょいんばん》、葛飾派のリーダー溝口素丸《そまる》の執筆《しゅひつ》（書記役）をしていました（以上『一茶大事典』）。

執筆だけの収入で当然食べていけず、師の伝手《つて》をたどって、特に、房総《ぼうそう》の弟子の間を頻《ひん》繁《ぱん》に行脚して施しを受けて生活の糧としていました。

生活は貧しく、日々のお金にも困っていたらしく、『七番日記』には止宿《ししゅく》した先で何がしかのお金をもらった時に日記に金高を記しています。例えば、文化《ぶんか》十三年（一八一六）十二月四日に新井村鈴木清兵衛宅に泊まり、翌日出立、その時に清兵衛が餞別《せんべつ》として「金一片」を一茶に贈ったと記されています。

寛政《かんせい》三年（一七九一）一茶二十九歳、この年の三月二十六日、江戸を発ち房総を行脚して句を詠み、故郷の長野県柏原に帰郷する四月十八日までの二十三日間のことを『寛政三年紀行』としてまとめました。

その中で一茶は、

「西にうろたへ東に沖《さすら》ひ、一所不住《いっしょふじゅう》の狂人有《あり》（一茶自身のこと）。旦《あした》には上総《かずさ》に喰《くら》ひ、夕には武蔵《むさし》にやどりて、しら波のよるべをしらず、たつ淡（泡）のきえやすき物から、名を一茶坊といふ（一茶の俳号の出典とされる）。青雲《せいうん》の 志《こころざし》なきにしもあらねど、身運《しんうん》もとより薄ければ、神仏の加護にうとく、年月恨みにうらみをかさねて、（中略　※欠字多く不明）春は草をつみて飢《うえ》をやしなひ、秋は菓《このみ》を拾ひて貧さを補ふ。雪を積べき□□□持たねば、目はくらきより闇《くら》きに迷ひ、齢《よわひ》は三十に足らざれど、歯は前□□□は蛤《はまぐり》刃《ば》な□□□□□髪はしらみて□□□□□に似たり。色は死灰《しくわい》のごとく□□□□□ことな□□（栄養不良の様子がわかる）。此度《このたび》千里□□□□□するに、（中略　※欠字多く不明）すべもしらず。白き笠（新しい笠の意）かぶるを生涯のはれとし、竹の杖つくを一期《いちご》のほまれとして、ことし寛政三年三月廿六日、江戸をうしろになして、おぼつかなくも立出《たちいず》る。

（中略）

雉鳴《きじない》て梅に乞食《こじき》の世也けり（一宿一飯《いっしゅくいっぱん》を乞いながら行脚するわが身を乞食にたとえた）

其日は馬橋《まばし》□□□□□泊《とまる》。

（中略）

八日　晴　古郷へ足を向《むけ》んといふに、道迄同行有《あり》。二人は女、二人は男也。行徳より舟に乗《のり》て、中川の関《せき》といふにかゝるに、防守《さきもり》、怒《いかり》の眼おそろしく、婦人をにらみ返さんとす。

（後略）」

と記し、一茶は単なる執筆《しゅひつ》の立場であり、雇われ人であったこと、自己の出自《しゅつじ》など、夏目成美などの札差《ふださし》や名主の鈴木清兵衛などと比して、自己の経済的状況や江戸時代での家柄などをよくわきまえていた節《ふし》が見受けられます。この文章などは自己を卑下《ひげ》しているようにも読めます。

　我ときて遊べや親のない雀

　（一茶自身が自らの境遇を詠んだのではないでしょうか）

　やせ蛙まけるな一茶これにあり

　（やせ蛙は一茶のことなのでしょう。金堤などにはとてもこの句は詠めないでしょう）

　やれうつな蝿が手をすり足をする

　（百姓の出から俳諧の道を進む一茶の心境でしょうか）

一茶の寛政三年紀行の時に金堤は大工事に追われていた

一茶が行徳船に乗った寛政三年（一七九一）という年は、行徳塩浜の窮状《きゅうじょう》を救うべく、徳川幕府が現南行徳一～二丁目地域に御手浜《おてはま》と称する七つの新開浜《しんかいはま》を開拓した年です。また、その十六年後の文化四年（一八〇七）には新井村から二俣村《ふたまたむら》までの塩浜に囲堤《かこみつつみ》六千八百七十四間（約一二・五キロ）を築く大工事を幕府が実施（現新浜《にいはま》通り付近）、名主鈴木清兵衛は新井村地先の工事に追われていたと想像出来ます。

この時期に一茶と金堤にどのような接点があったのか詳細はわかりません。ただ、文化十年（一八一三）刊行の『勝鹿図志手くりふね』の準備に二年ほどは費やしたと考えられるので、文化八年頃までには同門の俳人としての面識はあったと思われます。

金堤の書に収録された俳句の主は、師匠の夏目成美（江戸蔵前の札差で俳人、本名包嘉、庵号を随斎《ずいさい》という、一茶の庇護者）の伝手《つて》を頼ったものとされます。一茶もその一人。一茶の門人も参加しています。

金堤と文人たちの年譜

寛政三年（一七九一）御手浜開発（一之浜から七之浜まで七つの塩浜）される。この年、

一茶房州を行脚して帰路行徳を通過、『寛政三年紀行』を著す

寛政九年（一七九七）芭蕉句碑「潮塚」建立される。戸田麦丈、堀木以閑、及川鼠明ら金堤と没交渉か

享《きょう》和《わ》元年（一八〇一）十返舎一九、行徳を通過して『南総《なんそう》紀行《きこう》旅眼石《たびすずり》』刊行

文化四年（一八〇七）幕府、新井村から二俣村まで約一二・五キロの囲堤築く。同年、「永代橋水難横死者供養塔」が徳願寺門前に建立される

文化七年（一八一〇）『葛飾誌略』刊行。雅乙の俳句収録される

文化九年（一八一二）成田山常夜灯新河岸に建立される

文化十年（一八一三）金堤『勝鹿図志手くりふね』刊行。一茶、太乙、雅乙の句が載っている。この年、曲亭馬琴、『南総里見八犬伝』を構想（翌文化十一年、初輯《しょしゅう》刊行）

文化十一年（一八一四）九月六日、一茶、高谷村に入る。行徳船を利用と思われる

文化十二年（一八一五）十月二十四日、一茶、金堤を伴い高谷村安養寺に二泊する。この時、一茶五十二歳、金堤五十二歳。一茶、今井の渡しを利用したと思われる

十一月五日、一茶、高谷村海岸山安養寺に一泊。行徳船利用と思える

文化十三年（一八一六）十二月四日、新井村名主鈴木清兵衛宅に一泊、金堤、金一片を一茶に贈る。今井の渡し利用と思える

文政《ぶんせい》十年（一八二七）郷里の長野県柏原で逆境の内に死亡、享年六十三。家が火事で焼けたのち、仮住まいの蔵の中で死体で見つかる。その時に一茶の遺品が何者かに盗まれて書きつづられた多数の句が散逸したとされる。平成の時代になっても一茶の句が発見されている

天保《てんぽう》七年（一八三六）正月十四日、鈴木清兵衛死亡、享年七十三。この年より天保の大飢饉始まる

誰もが相続問題は大変ですが、一茶についてはそのことが決着がついた後の火事、死亡でした。一茶の生涯は最後まで逆境続きでしたが、俳句では小学校の教科書にも載るほどの人になりました。それは一茶本人のひたむきな努力が実ったからたくさんの後援者が現れたのでしょう。

真言宗海岸山安養寺さん

市川市高谷二－一六－三五、札所《ふだしょ》十二番、御詠歌《ごえいか》「目のまへにまゐりてたのむごくらくのしるべをこゝに安やうじかな」、当国井野村千手院末、本尊阿弥陀如来《あみだにょらい》、開基宥秀《ゆうしゅう》法印、天文《てんぶん》三年（一五三四）建立、はだし大師《だいし》（仏足跡）、昭和四十八年（一九七三）住職が寺の回廊《かいろう》に四国八十八ヶ所と紀州高野山を巡拝して勧請した霊石を敷き詰め、はだしで踏んでお参りするよう設置。小林一茶止宿の地、「七番日記」、当時の住職は「太乙」と号する俳人、文化十二年十月二十四日は小林一茶、新井村名主鈴木清兵衛を伴い止宿。

安養寺の住職の俳号太乙（初号一由）の墓

高谷の地名

高谷は荒野から出来た言葉。開墾のため荒野《こうや》申付《もうしつける》といって税が免除されていたのが後になって地名となったといわれる。鎌倉時代の高谷の集落の付近は沖島とか浮島とか呼ばれていて、満潮の時には潮が背後にまわって島となるような砂丘上の小村でした。高谷村は一時下高野村といい、江戸時代からあった村名。幕末の支配は幕府領。石高は二百八十三石（『市川市の町名』）。

南総里見八犬伝の行徳と浦安

失明しても執筆を止めなかった

滝沢馬琴《たきざわばきん》著『南総里見八犬伝《なんそうさとみはっけんでん》』は、文化《ぶんか》十年（一八一三）に構想され、翌十一年に初《しょ》輯《しゅう》が刊行されました。主人公はもちろん八犬士ですが、八つの珠《たま》を放ったのは伏姫《ふせひめ》であり、その原因となったのは八房《やつふさ》という犬です。里見八犬伝で有名なのは館山《たてやま》にある八犬士の墓ですが、伏姫と八房にまつわるもので伏姫籠穴《ろうけつ》というものが内房《うちぼう》の勝山《かつやま》にあります。

文化十年という年は奇しくも新井村《あらいむら》の名主《なぬし》鈴木清兵衛《せいべえ》、俳号行徳金堤《ぎょうとくきんてい》の著作『勝鹿図《かつしかず》志手《して》くりふね』が刊行された年でした。行徳金堤は小林一茶と交遊がありました。

馬琴の目が見えにくくなってメガネを購入したのが天保《てんぽう》十年（一八三九）、失明したのは天保十二年でした。八犬伝は天保十三年（一八四二）正月刊行分で完結しました。二十八年間にわたる長編の執筆でした。

伏姫籠穴入口（千葉県南房総市富山／ JR岩井駅下車―富山中学校―籠穴入口15分。車は館山道鋸南富山IC下車10分）
ここから202段の土と木の階段を上がると伏姫と八房の籠穴がある。山門の右横の石は犬塚とある

伏姫籠穴。小説のモデルだが、この籠穴をいつの時代に誰が作ったのか詳らかではない。山中は鳥の鳴き声と山草の花、大木による薄暗がりの中、静けさに包まれている

馬琴の宿賃証文が襖の下張りになっていた

馬琴は行徳の宿屋《やどや》「信楽《しがらき》」に宿泊して構想を練ったのではないでしょうか。馬琴の名が記された宿賃証文《やどちんしょうもん》が宿屋の襖《ふすま》の下張《したば》りに使用されていました（『葛飾風土史《かつしかふうどし》 川と村と人』）。しかし、現存するわずかな馬琴の日記などの史料が欠落していて確認が出来ません。

これには原因があって、大正《たいしょう》十二年（一九二三）の関東大震災によって帝国大学図書館と早稲田大学に収蔵されていた日記が焼失してしまったのです（『随筆滝沢馬琴』）。

そのため、馬琴が行徳へ来ていただろうと思われる文化十年代の史料が欠落していて、著者としても文献上の証拠としては『葛飾風土史 川と村と人』の記載しか示すことが出来ません。

なお、宿屋の経営者は田所家であって、江戸時代初期の田所長左衛門を祖としているとされ、近江国信楽《おうみのくにしがらき》出身で屋号にしたといわれます。江戸時代中期には儀兵衛《ぎへえ》新田の隣に信《しが》楽場《らきば》という塩場《しょば》を持っていました。市川市押切《おしきり》の浄土宗光林寺《じょうどしゅうこうりんじ》は田所氏の創建とされます（『行徳歴史街道4』所収「南総里見八犬伝と行徳」）。

馬琴は宿屋信楽に逗留《とうりゅう》した際に、下流は浦安市の当代島《とうだいじま》まで、上流は市川市の八幡《やわた》や国府台《こうのだい》までを散策して取材したものと思われます。本行徳の常夜灯は文化九年の建立ですので馬琴はこれを見たに違いありません。

小説のおかげでますます有名になった行徳

八犬士の内の二人は犬飼見八《いぬかいげんぱち》と犬塚信乃《いぬづかしの》ですが、江戸川の上流に位置する古河《こが》の天守閣《てんしゅかく》の屋根から組み合ったまま川にあった舟に落ち、その小舟が行徳へ流れついて旅籠屋《はたごや》古那《こな》屋《や》主人に助けられたという設定です。その外に古那屋の主人の息子犬田小文吾、小文吾の妹の子である市川の犬江親兵衛もいて、八犬士の内、行徳に関係する四犬士が揃う場面があります。

古那屋は今の一方通行の寺町通りを行徳街道へ突き当たった丁字路の左側二軒目辺りで、明治三十三年（一九〇〇）頃はウドンヤ古奈屋（粉屋の意）という店がありました（『浦の曙』）。

このように文化の時代の行徳は成田山参詣客の賑わいで繁昌していましたが、旅人は本行徳を通過する時に、『南総里見八犬伝』の舞台になった風物を堪能しながら旅をしたのです。馬琴のおかげで行徳はますます有名になったのです。

妙見島は代官から狩野氏が賜った島

大団円《だいだんえん》となる戦いは行徳の今井の柵《さく》、妙見島《みょうけんじま》の柵、国府台《こうのだい》で行われ、相手方は関東管領《かんとうかんれい》山内顕定《やまのうちあきさだ》、扇谷定正《おうぎがやつさだまさ》など十万騎《き》、里見方は七千騎という設定です。

妙見島のことを少々述べたいと思います。

東京都江戸川区東葛西《ひがしかさい》三丁目十七番。かつては下総国《しもうさのくに》に属し行徳領、明治時代は千葉県。

享保《きょうほう》六年（一七二一）以後の代官《だかん》小宮山杢之進《こみやまもくのしん》支配の時、欠真間村《かけままむら》の狩野氏《かのうし》が手代《てだい》を勤め、その功績により妙見島を賜《たまわ》ったとされます（『葛飾誌略』）。狩野氏の先祖は内匠堀《たくみぼり》の開削に尽力した狩野浄天《かのうじょうてん》です。

馬琴はこのような事情を調べてから小説に書いたのだと思うのです。

妙見島は明治・大正の頃に「貝灰工場《かいばいこうじょう》」が盛んになり、浦安で貝の身を取った後の貝殻を焼いて肥料用の石灰、白壁《しらかべ》用の白灰を生産していました（『浦安町誌 上』）。

行徳の庶民の娘を下女に雇う

馬琴のエピソードとしては、たいそうな癇癪《かんしゃく》持《も》ちで人の好き嫌いが激しい人だったようです。

とくに下働きの下女《げじょ》に対しては厳《きび》しく叱責《しっせき》するので、天保二年（一八三一）などは一年間に七人も下女が入れ替わったほどでした。

文政《ぶんせい》十一年（一八二八）、そのような下女の一人に、行徳から雇われてきた本名「とみ」がいました。馬琴の親戚《しんせき》にとみと同名の女性がいたので馬琴は「むら」を名乗らせました。むらの給料は二両、前掛代《まえかけだい》が二朱《しゅ》でした。

馬琴は武士《ぶし》の三男出身で、階級観念が強く、下女むらの立居振舞《たちいふるまい》、言葉遣《ことばづか》いなどにことごとく干渉したので（つまり、いちいち何事にもうるさかったので）、無口で無愛想《ぶあいそう》な行徳生まれの田舎《いなか》育ちの娘は恐れおののいてたったの四日で逃げ出しました（『随筆滝沢馬琴』）。むらは翌日、人に連れられてしょんぼりと台所へ戻りましたが、めまいがするといって寝ていて、食事をしてもまた寝てしまいました。馬琴は仮病《けびょう》で言語道断《ごんごどうだん》だと怒《いか》りました。二十日間もそうしたあげくむらは裏口から逃げ行方《ゆくえ》をくらましてしまいました。

文政の頃の行徳の娘は無口でお世辞もろくに言えない田舎娘だったことがよくわかります。奉公のつもりで出されたのか、家の借金のためなのかは不明ですが、行徳の庶民の娘だったことは間違いありません。

では、行徳の娘がどのような縁《えん》で馬琴のところへ来たのでしょうか。それは行徳塩《ぎょうとくじお》を毎日行商《ぎょうしょう》して歩く行徳のボテフリ（棒手振り）が馬琴宅にも来ていたからかもしれないのです。ボテたちは馬琴が下女を探している情報を得て行徳娘を紹介したに違いありません（『行徳歴史街道4』所収「南総里見八犬伝と行徳」）。武士出身の馬琴は儀用《ぎよう》をとても重んじましたので、江戸湯島三組町の口入《くちいれ》宿下野《しもつけ》屋の周旋《しゅうせん》という形を整えて雇ったのでした。

馬琴は犬が大嫌いだった

八犬伝の主役は八犬士ですが、物語の始めに里見家の長女伏姫《ふせひめ》があり、役行者《えんのぎょうじゃ》から仁義礼智忠信孝悌《てい》（よく仕えるの意）の文字が一字ずつ入った珠《たま》を含む数珠《じゅず》を授かりました。伏姫の父親が八房《やつふさ》と名付けた犬を飼っていましたが、里見家が窮地《きゅうち》の時、八房に敵の大将の首を取ってきたら伏姫を妻にしてよい、というと、八房は首をくわえて戻りました。八房は殺されてしまいますが伏姫も自害します。その時、数珠の八つの珠が日本中に飛散しました。

後年になって里見家が窮地になった時、その八つの珠を持った八犬士が里見家を救うという物語です（新潮日本古典集成別巻『南総里見八犬伝』滝沢馬琴著、濱田啓介校訂）。

その著書の最初に八犬士を犬山道節《いぬやまどうせつ》、犬塚信乃《いぬづかしの》、犬坂上毛《いぬさかかふつけ》、犬飼見八《いぬかいげんぱち》、犬川荘佐《いぬかわそうすけ》、犬江《いぬえ》親兵衛《しんべゑ》、犬村大角《いぬむらだいかく》、犬田汶吾《いぬたぶんご》（小文吾）と記しています。

このストーリーの展開は常に「犬」をテーマとして、人物の苗字に犬の文字があります。ところが、馬琴は犬が大嫌いだったことがわかっています。これは笑えない「オチ」です。野良犬《のらいぬ》が屋敷に紛れ込むと、馬琴は六尺棒を持って飛び出して、門を閉めて汗だくになって犬を追い回したというのです（『随筆滝沢馬琴』）。門を閉めるのは、犬が隣家との境界の垣根をくぐって侵入したと馬琴は思うからで、それは隣家のいたずらだと馬琴はいうのですから念がいっていると著者は記しています。

八犬士の語源は八賢士

そもそも八犬士の語源はなにかといえば、「八賢士《はちけんし》」です。

元和《げんな》八年（一六二二）六月、徳川幕府によって移された配流《はいる》先の鳥取で里見忠義《ただよし》没、享年二十九、正室に世継ぎがないため取り潰されました。鳥取県倉吉市の曹洞宗萬祥《まんしょう》山大岳院に墓があります。

忠義の墓には忠義を守護するかのように殉死《じゅんし》した八人の家臣の墓が囲んでいます。その家臣の戒名《かいみょう》には共通して「賢」の字が入っていることから、その家臣たちのことを「八賢士《はちけんし》」と称するのだといいます（『今よみがえる里見忠義の足跡』伯耆《ほうき》倉吉里見忠義関係資料調査報告書　編集執筆　里見氏調査会　発行NPO法人安房文化遺産フォーラム）。

その書中の「里見殉死由緒之事」を参考のために次に記しておきます。

家老歟《や》
雲凉院心晴海賢居士　殉死　徳次郎事
心相龍賢居士　同　権八郎事
心龍盛賢居士　同　権之丞事
心凉晴賢居士　同　安太郎事
心晴叟賢居士　同　総五郎事
心房州賢居士　同　房五郎事
心盛宗賢居士　同　総太夫事
心顔梅賢居士　同　堀之丞事
右殉死八霊戒名也

後世の読書人に評価を託した馬琴

滝沢馬琴の『南総里見八犬伝』は大ヒットしましたが、その構想、登場人物その他には現代で言えばクレームめいた批判がありました。それに対して馬琴は『第九輯下帙《しゅうげちつ》』（中巻）「十九　簡端贅言《かんたんぜいげん》」の中で次のように述べています。

「……ここにも筆を費《つひや》して、百年以後《ももとせのち》の知音《ちいん》を俟《まつ》べく、今より後の嘲噱《ちょうぎゃく》議論《ぎろん》を、解《とか》ばやとおもふばかり……」

百年の後に読む人々の中から真の理解者の出現を待つべく、今後本作に対して現われるであろう非難や批判を説き明かすべく……の意（百年以後《ももとせのち》の知音《ちいん》を俟《まつ》べく『滝沢馬琴』）。

「百年以後《ももとせのち》の知音《ちいん》を俟《まつ》べく」は馬琴の真骨頂《しんこっちょう》を示していると思います。

馬琴の八犬伝は売れに売れて、そのために、行徳を訪れ、あるいは通過して成田山へ参詣する老若男女は引きも切らなかったのです。

それでも馬琴は自らの作品を謙虚に、卑下《ひげ》して、日本で言えば『源氏物語』のような、唐山《もろこし》で言えば『三国志演義《さんごくしえんぎ》』のような、和漢の名作古典にも比肩《ひけん》し得る文業であるか否かを、後世の読書人に問いかけたのでした（『行徳歴史街道4』所収「南総里見八犬伝と行徳」）。

房州安房里見氏関連年表

一五三八年（天文《てんぶん》七年）十月七日　第一次国府台合戦《こうのだいかっせん》。里見氏敗れる

一五五六年（弘治《こうじ》二年）十月　里見義弘《よしひろ》を大将に、兵船八十余艘《そう》にて三浦を攻める

一五六一年（永禄《えいろく》四年）三月　上杉謙信《うえすぎけんしん》（長尾景虎《ながおかげとら》）北条氏《ほうじょうし》の小田原城を包囲する

一五六三年（永禄六年）一月七、八日　第二次国府台合戦の初戦

一五六四年（永禄七年）一月七日　第二次国府台合戦。里見氏敗れる

一五九〇年（天正《てんしょう》十八年）豊臣秀吉により小田原北条氏滅亡

一六〇〇年（慶長《けいちょう》五年）九月　関ヶ原の戦いに徳川方に加わる

一六一四年（慶長十九年）九月九日　伯耆国倉吉《ほうきのくにくらよし》（鳥取県倉吉市）へ国替えされる。これまでの経過としては①忠義自身は十歳で元服の時、徳川秀忠の忠の文字をいただき秀忠の前で忠義と改めて元服をした。②忠義の妻に家康の信任の厚い大久保忠隣の孫娘を妻として姻戚《いんせき》関係を作っていた。しかし、大久保忠隣が改易された時に連座して国替えされた

一六二二年（元和《げんな》八年）六月　里見忠義没。鳥取県倉吉市に八賢士殉死の墓。千葉県館山市の山中に倉吉から分骨してはるばる運ばれてきた遺骨を埋葬したとされる里見遺臣の墓がある。山の頂上には徳川幕府により破却された館山城を模した三層の天守閣が建っている

一七六七年（明和《めいわ》四年）六月九日　馬琴、武士の子として出生。幼名倉蔵

一七九二年（寛政《かんせい》四年）春、武士を捨て町人となり蔦屋《つたや》の手代となる

一七九三年（寛政五年）曲亭馬琴を名乗る。江戸後期の戯作者《げさくしゃ》。本名滝沢興邦《おきくに》、のち解《とく》。江戸深川の生まれ、山東京伝《さんとうきょうでん》に師事し、勧善懲悪《かんぜんちょうあく》を標榜《ひょうぼう》。代表作『椿説《ちんせつ》弓張月』『俊寛僧都島物語』『南総里見八犬伝』『近世説美少年録』など

一八一三年（文化《ぶんか》十年）滝沢馬琴四十七歳、『南総里見八犬伝』を構想。この年、新井村名主鈴木清兵衛『勝鹿図志手くりふね』刊行

一八一四年（文化十一年）十一月　初輯《しょしゅう》刊行

一八一八年（文政《ぶんせい》元年）渡辺崋山《わたなべかざん》との交友始まる

一八二〇年（文政三年）十一月　『第四輯』刊行。この中で初めて行徳が登場する。した

がって、構想した文化十年から文政三年までの七年の間に、行徳の旅籠信楽《しがらき》に滞在していた時期があったに違いないのだが史料がない。詳細な記述は滞在していた証だと思える

一八二八年（文政十一年）行徳の娘むら（本名とみ）を下女に雇う
一八三九年（天保《てんぽう》十年）三月　長崎屋にてメガネ購入。両眼ともに不鮮明
一八四一年（天保十二年）正月　両眼失明。息子の嫁のお路《みち》に代筆させる
一八四二年（天保十三年）正月　ついに大団円、完結。馬琴七十六歳
一八四八年（嘉永《かえい》元年）十一月六日没、享年八十二

勝海舟と密談をした行徳の男たち

勝海舟の作戦とは

今日は、勝海舟《かつかいしゅう》が行徳塩浜の男たちにある頼み事をしたこと、そして明治維新後の行徳塩浜の苦境を見事に乗り切った農民たちの活躍をお話ししたいと思います。

勝海舟は江戸城の無血開城を成し遂げた功労者ですが、その裏には海舟の深謀遠慮《しんぼうえんりょ》がありました。

今から百五十年前のこと、明治元年（一八六八）三月十四日、勝海舟は西郷隆盛《さいごうたかもり》と最後の交渉をしました。

交渉が決裂した時の海舟の作戦は次のようなものでした。敵に先《さき》んじて江戸市中を焼き進軍を妨げ、一戦を以て勝敗を決せん、というものであり、そのために策《さく》を廻らす、とあります。

資料　『勝海舟全集1　幕末日記』所収「慶応《けいおう》四年（明治元年）三月十日」の条

官兵、当十五日、江城侵撃《こうじょうしんげき》と云《いう》。三道之兵《さんどうのへい》必死《ひっし》を極《きわ》め、進めば後ろ其《その》市街を焼きて、退去之《の》念をたゝしめ、城地に向て、必死を期せしむと。若今《もしいま》我《わ》が歎願《たんがん》する処《ところ》を不レ聞《ずきか》、猶其《なおその》先策《さきさく》を挙《あげ》て進まむとせば、城地灰燼《かいじん》、無辜之死《むこのし》数百万、終《つい》に其《の》遁がれしむるを知らず。彼、此暴挙《このぼうきょ》を以《もっ》て我《われ》に対せむには、我もまた彼が進むに先きんじ、市街を焼きて其進軍を妨げ、一戦焦土《しょうど》を期せずんば有《ある》べからず。此意此策を設けて、逢対《おうたい》誠意に出《い》づるにあらざれば、恐らくは貫徹《かんてつ》為《な》しがたからむ歟《や》。愚不肖《ぐふしょう》、是《これ》に任《にんじ》て一点疑《ぎ》を存せず、若《もし》百万之《の》生霊を救ふにあらざれば、我先《まず》是を殺さむと断然決心して、以て其策を回《めぐら》す。

勝海舟は西郷隆盛との会談直前に周到な根回しと準備をしました。それはどのようなものだったのでしょうか。

資料　『勝海舟全集20　海舟語録』所収「明治三十年（一八九七）三月二十七日」の条

5（前略）

どうして、向《むこ》ふが西郷だもの、まだ仕様《しよう》があるがネ、西郷は訳がわかつてるもの、安心なものサ。己《おのれ》はチヤント見込《みこみ》をつけて居《い》たよ。ダガ、用心は用心だから、毎晩、夜半から、辻駕《つじかご》でホイホイと出て行つて、それぞれ、急所々々に頼んで置いたのサ。召出《めしだ》したりなにかして、何を聞くものかナ。己《おのれ》の顔で頼むよと言つて、頼むのサ。それも、コウコウだと訳を言ふと、モウだめだよ、その辺の事は話すことは出来ない。あとで、ミンナ、ハハア、さういふおつもりでしたかと言つたよ。

7 （前略）

えたの頭《かしら》に金次郎、吉原では金兵衛、新門の辰。此の辺で権二。赤坂の薬鑵《やかん》の八。今加藤。清水の次郎長。行徳の辺まで手を廻した。松葉屋惣吉《まつばやそうきち》。草苅正五郎《くさかりしょうごろう》と八百松《やおまつ》の主人などはそれぞれ五百人も率《ひき》ゐて居る。（後略）

以上の文献を引きますと、次のようなことが推測出来ます。

三月十日、十一日、十二日の三日間に海舟は火消しの頭である新門の辰五郎、博徒《ばくと》の親分の清水の次郎長、行徳の顔役である松葉屋惣吉と草苅正五郎（草刈庄五郎）などを訪ねて頼み事をしています。

海舟の『幕末日記』によれば、
①官軍に先んじて江戸市中を焦土と化すこと
②その役目は火消しの頭などに火付けを依頼したこと（『海舟語録』より推測）
③江戸の町民を避難させるために行徳から多数の船を出すことを松葉屋惣吉と草苅正五郎に依頼したこと（『海舟語録』より推測）。

勝海舟は行徳へどのようにして来たのか

資料　『勝海舟（五）江戸開城』（子母澤寛著）

「おいらが、ちょっと顎《あご》をしゃくったら、忽《たちま》ち江戸中が火の海になる。その手段《てだて》をお前《めえ》に頼みてえのだ」

（中略）

「だが、火事と一緒に江戸の市民は一人残らず房州へ避難をさせるのだ。こ奴《やつ》あ、おいら別に手配をするが、火をつける前に、海にも川にも舟を一ぺえ持って来て置く故、そっちの方は心配なく、ただ、一瞬に火にすること、お前、そ奴だけを考えてくれ」

（中略）

「ようがす。引受けやした」

（中略）

「承知しました。今日の中に下総《しもうさ》行徳の松葉屋惣吉へ廻《まわ》って、どんな様子か、その後の手配を見て来やしょう」

「あ奴あわかった奴だ。相棒の草苅庄五郎も智慧者《ちえもの》だから、おいら、あすこは安心している」

（中略）

　勝は八百両の金を出していた。

「江戸川の小舟方にも手は充分に廻したろうな」

「はい。火の手を見たら、直ちに飛乗る船頭共も、ちゃんと定めました」

（中略）

「房総の海岸は、十四日からは絶えず物見を出して置かなくちゃあいけねえよ。江戸の空が、ぼうーっとなったら、一斉に漕ぎ出せ」

ここから、

①駕籠に乗って来た

②馬に乗って来た

③チョキ舟という快速船で来た

などが考えられますが、私は③のチョキ舟という舟足の速い船（快速船）で夜半に来たと思います。それは駕籠でも馬でもいくつかの渡しを渡らなくてはならないからです。

行徳の男たち

行徳の男たちにどのような頼み事をしたのでしょうか。

海舟は「幕末日記」の中で、「百万之生霊を救ふにあらざれば……以て其策を回《めぐら》す」と話しています。行徳の男たちはありったけの舟を出して江戸の町民を救う準備をしたのだと思います。

では、松葉屋惣吉の職業とは何でしょうか。この人物は五百人もの人を率いていたという（『海舟語録』）。百姓・町人は苗字《みょうじ》を名乗れなかったので、松葉屋は屋号、あだ名でしょう。塩焼燃料としての松葉や松枝を薪《たきぎ》として供給していたと思います。松葉はとても安い燃料でした。行徳の塩はオマツ焚きの異名があるほどでした。

草苅正五郎の職業は何でしょうか。草苅は屋号かあだ名でしょうから、葭《よし》や萱《かや》を刈り取って塩焼の燃料として行徳塩浜に売っていたのでしょう。こちらも五百人もの人を束ねていたといいます（『海舟語録』）。葭や萱は白い上質の塩が焼けたのでこちらの燃料代は高かったのです。

そのため、海舟の依頼は三月十四日限りと期限が付けられていたのでしょう。

江戸の夜空が、火事で赤く染まったら、直ちに舟を出して江戸の町民の救助に向かう、という約定だったに違いありません（『行徳歴史街道2』所収「勝海舟と塩場師《しょばし》」）。幸いに、海舟の手段《てだて》は発動されず、江戸の町は焼けませんでした。江戸城は無血開城され、江戸の町民も無事でした。

明治時代の行徳

明治維新後、行徳塩浜の農民は明治政府から冷遇され大変な苦労をしました。

つまり、行徳塩浜の潮除堤《しおよけつつみ》は「私堤」であると断じ、徳川幕府がしていた公共工事としての堤《つつみ》普請《ぶしん》につき補助金をすべて撤廃《てっぱい》したのです。

勝海舟が行徳の顔役に手を廻した理由の第一は、権現様《ごんげんさま》お声掛かりの行徳塩浜の百姓たちを心から信頼していたからと思われます。また、行徳の人たちは海舟の願いに応えたのでした。このことは明治維新後に明治政府から冷遇される原因の一つにもなったと言えるでしょう。

塩垂百姓《しおだれびゃくしょう》は明治政府に陳情を繰り返して、明治十八年（一八八五）堤防修理費用のうち三～七分を千葉県庁より補助、明治二十八年（一八九五）堤防修理費用の全部を千葉県庁が補助となり、ついに徳川幕府時代の旧例が復活したのです。

この間、補助金の関係で堤防修理が難航したこともあり、新浜《しんはま》の開発をあきらめて、行徳塩浜では大規模に「古積塩《ふるづみじお》」の生産を実施しています。

蔵に塩を積み上げて八十～百日経過すると苦汁《にがり》や水分が抜けて目減りのしない塩が出来ました。行徳塩浜で生産した塩が原料のものを「地古積《じこづみ》」、瀬戸内産《せとうちさん》の下《くだ》り塩《じお》を原料にして手直ししたものを「直古積《なおしこづみ》」と呼び、関東甲信越常州まで販路を広げました。

明治前半の時代は行徳塩浜の最後の繁栄の時代でした。

また、松葉屋惣吉や草苅正五郎が行徳塩浜へ納品した燃料の量の推定をしてみましょう。

一年間で松葉四百六十万束を燃料として消費しました。

一基の石釜（これは瀬戸内塩田の釜の場合）で小束であれば年間七万六千八百束、大束であれば八千二百八十束を使う（『塩の日本史』）。明治十三年（一八八〇）の行徳塩浜での結晶《けっしょう》釜《がま》総数は六十基ほどなので、小束で年間四百六十万八千束、大束にして四十九万六千八百束もの松葉・松枝・松薪《たきぎ》が必要でした。

燃料の備蓄方法は、縦三間（五・四六メートル）×横五間（九・一メートル）×高さ五間（九・一メートル）ほどに梯子《はしご》を使って積み上げていました。使用する時は上から投げ落としていました（『行徳の塩づくり』）。

この作業のことは『源氏物語』にも詠まれていました。

「蜑《あま》がつむなげきの中に塩垂《しおた》れて　いつまで須

松葉積込図

「嘉永年間(18)ヨリ明治廿四年二至ル
燃料松葉積込之図　松葉八船橋及
久々田《くくだ》幕張稲毛黒砂寒川《くろすなさんがわ》地方ヨリ

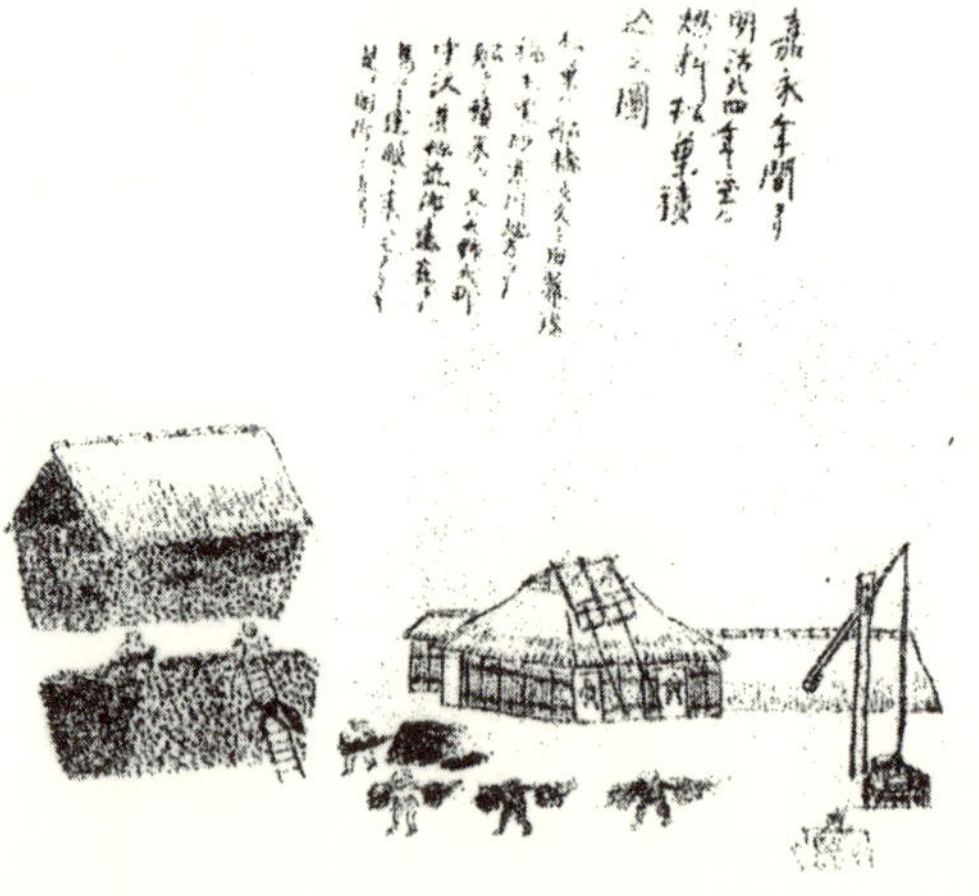

源氏物語の時代から続く塩焼燃料の備蓄方法（『行徳の塩づくり』）

磨の浦と眺めむ」とあります。

千年以上も昔からまったく同じ作業をしていたとわかります。蜑《あま》は海人で藻塩《もしお》を焼くことを業とする者、「なげき」は嘆きと投げ木をかけたもの、とされています。

塩田経営の必要経費の五十五パーセントは燃料代（『塩の日本史』）でしたので、松葉屋惣吉と草苅正五郎に支払う燃料代は莫大な金額になったことでしょう。

現在の行徳には、勝海舟と密談をした行徳の男たちの痕跡《こんせき》はどこにも見ることは出来ません。にもかかわらず、徳川幕府の恩義に報いるために損得を抜きにして、勝海舟の切なる頼みを聞き入れた男たちの男気《おとこぎ》は、現代の行徳気質《かたぎ》として引き継がれていると思うのです。

勝海舟の歌碑

真言宗神明山自性院《じしょういん》(1)境内。明治九年（一八七六）以降成立。「熊谷伊助慰霊歌碑」勝《かつ》安芳《あわ》（海舟）筆。伊助は松屋伊助、陸奥国《むつのくに》松沢（岩手県千厩町）出身でアメリカ商館の番頭だった時、奉公した江戸の酒屋の縁で行徳出身の妻と結婚した。碑文中「よき友」とは伊助のこと（『幕末の市川』）。

よき友の消へしと聞くぞ我この方　心いたむるひとつなりたり

（『観音札所のあるまち　行徳・浦安』）

（1）真言宗神明山自性院。葛西小岩村善養寺末。本尊、大日如来像。開基法仙法印。天正十六年（一五八八）建立。本行徳一丁目の神明社の別当寺。除地一反四畝二歩。札所四番「我思ふ心の玉はみかゝしをたのむ仏のてらすなりけり」。

勝海舟の略歴（『勝海舟（五）江戸開城』の略年譜を参照）

文政《ぶんせい》六年（一八二三）正月晦日《みそか》、勝家の長男として江戸本所亀沢町で生まれる。本名義邦《よしくに》、
通称は麟太郎《りんたろう》、号は海舟

天保《てんぽう》六年（一八三五）十三歳、島田虎之助の門に入り、武道の修業を始める

天保九年（一八三八）十六歳、七月二十七日、家督《かとく》を相続する

天保十四年（一八四三）二十一歳、剣術の免許皆伝《めんきょかいでん》を受ける

弘化《こうか》二年（一八四五）二十三歳、西欧の兵学を学ぶとともに、筑前藩《ちくぜんはん》の永井青崖について
蘭書《らんしょ》（オランダの書物）の読習を始める。そのため幕府より禁足を

命じられたが、夜中に密かに通学したという
弘化四年（一八四七）二十五歳、和蘭辞書ズーフハルマを借用して謄写にかかる
嘉永《かえい》元年（一八四八）二十六歳、ズーフハルマの謄写本二部完成し、一部を研究用に、一部を売却して筆紙の費用に当てる（勝海舟の勉強方法を学ぶべし。辞書の丸写しを二回して、一冊を売って金に換え、一冊を手元に残しました。このようにして蘭学をマスターした）
嘉永三年（一八五〇）二十八歳、私塾を開き、蘭書を講じ、西洋兵学の教授を始める
安政《あんせい》五年（一八五八）三十六歳、長崎滞在。軍艦にて九州を巡航して鹿児島に至り、島津《しまづ》斉彬《なりあきら》に謁《えつ》す
安政六年（一八五九）三十七歳、十二月、将軍に謁見《えっけん》し、アメリカへの軍艦派遣につき乗り組みを命じられる
万延《まんえん》元年（一八六〇）三十八歳、咸臨丸《かんりんまる》艦長としてアメリカへ出発
明治元年（一八六八）四十六歳、一月二十三日、陸軍総裁を命じられる。三月十三日高輪《たかなわ》の薩摩藩邸《さつまはんてい》にて征東軍参謀西郷隆盛に面会し、翌十四日同所にて再び面会し徳川氏恭順《きょうじゅん》の旨を説明、西郷はその情実を察して明日の

進撃を中止する。四月七日江戸表取締りを命ぜられる。十一日、城地武器等を引き渡し、官軍江戸城入城。七月十七日、江戸を東京と改称。九月、家族を駿府に移し、十月自らも駿府に下る

明治十年（一八七七）五十五歳、九月二十四日、西郷隆盛自刃して西南戦争終わる

明治十二年（一八七九）五十七歳、六月、西郷隆盛自筆の詩を石に刻み、南葛飾郡大木村上木下川浄光寺内に小地を買い、これを建て記念とする（勝海舟がどれほど情実に富んだ人物だったかの証である）

明治三十二年（一八九九）七十七歳、一月十九日午後、突然脳溢血《のういっけつ》で倒れる。二十一日死去。法号「大観院殿海舟日安大居士」

山本周五郎の行徳と浦安

今日は作家山本周五郎《やまもとしゅうごろう》が浦安に住みついて行徳を訪れたことなどをお話ししたいと思います。

行徳へ行くつもりがベニスのような景色に誘われて浦安で蒸気船を降りた

昭和三年（一九二八）八月のある日のこと、通船《つうせん》と呼ばれた白い蒸気船に乗って周五郎は浦安の蒸気河岸《じょうきかし》に降りました。この時に周五郎は二十五歳でした。

初めは『里見八犬伝《さとみはっけんでん》』に出てくる行徳へ行くつもりだったのですが、途中の浦安が気に入って、ついつい降りてしまったと書いています。

周辺は満々と水をたたえた江戸川と葦《あし》が密生する妙見島《みょうけんじま》や土手、水路などがあり、ベニスの町のように感じられたからでした。

降りた場所は、吉野屋さんという船宿の辺りでした。

周五郎の浦安での住まいは三ヶ所ですが、そのうちの一つが船宿の吉野屋さんでした。『青べか物語』では船宿千本として書かれています。

周五郎の夢は作家になることだったがとても貧乏だった

周五郎の職業は東京の出版社の記者でした。浦安から蒸気船に乗って東京まで通勤したのです。

周五郎の目標は、小学校三年生の時に担任の先生からいわれて志した作家になることでした（『青べか日記』）。これまでも実際に新聞社、雑誌社、出版社などの記者として働いてきました。

ですから、浦安に来てもとても精力的に歩き回って、取材ノートにメモを取ったり、スケッチブックにたくさんの絵を描きました。

昭和三年八月十九日、堀江《ほりえ》の東の浜辺へ海を見に行きました。雨がとても激しく降りだしたので、養魚場の土手のポプラの並木の下で立っていました。そうしたら、鵜《う》という真っ黒い鳥が養魚場の池の水に潜って魚を食べているのが見えました。

この養魚場跡地は、現在は浦安市中央図書館や郷土資料館などがあるところです。

夜になって、家で、それまでに書いた小説を清書しました。周五郎の日記には、ともかく、金を稼がなければならないから、と書いています。お金にはとても困っていたようです。

当代島《とうだいじま》の高梨《たかなし》家《け》にはとても世話になりました。記者の仕事の関係で高梨家とつながりがあり、時々お金を借りて苦しい生活をしのいでいました。

蒸気船で行徳へ行き行徳の市や徳願寺を見て回った

昭和三年十月十四日、朝食後、通船の白い蒸気船に乗って行徳へ行きました。到着した新河岸《しんがし》では文化《ぶんか》九年（一八一二）に建立された成田山常夜灯を見物しました。

本行徳一～四丁目のバス通りの両側に「行徳の市《いち》」が立っていてとても賑やかでした。古着屋が一番多くて、百姓の道具、飴屋《あめや》、しんこ餅屋《もちや》などの食べ物屋、旅芸人の見せ物などがありました（『行徳昔語り』所収「行徳の市」）。

本行徳二丁目にあった三太の渡しや河原の渡しを渡って来たたくさんの東京の人が買い出しをしていました。

本八幡《もとやわた》から浦安までのバスが走っていました。アメリカのフォードやシボレーといった幌型車《ほろがたしゃ》で六〜八人乗りのバスが賑わっている市の間をのろのろと進んでいました（『浦安町誌 上』）。

浄土宗《じょうどしゅう》徳願寺《とくがんじ》では新興《しんこう》キネマという映画会社の撮影が時々あって、侍姿《さむらいすがた》の役者が境内の袴腰《はかまごし》の鐘楼堂《しょうろうどう》の上で仁王《におう》立《だ》ちになってセリフをわめいてドンと地面へ飛び降りてから大立ち回りを演じていましたので見物人で賑わっていました。今では、このような撮影は許可されないかもしれません。

周五郎は次に、徳願寺と日蓮宗《にちれんしゅう》妙応寺《みょうおうじ》の間を流れている内匠堀《たくみほり》の畔道《あぜみち》を歩いて江戸川放水路の堤防に出て、対岸の田尻《たじり》・高谷《こうや》を遠望しました。そして大正十一年（一九二二）三月十一日に開橋祝賀式が挙行された初代の行徳橋を渡って八幡《やわた》の方へ行きましたが引き返してしまいました。

この時のことはスケッチブックにたくさん描きました。

勤務先を解雇される

昭和三年（一九二八）十月二十四日、周五郎は勤務先を解雇《かいこ》されてしまいました。原因は無断欠勤が多かったからです。もともと胃腸の病気がありましたが、小説を書くために休むことも多かったのです。周五郎としては、生活費を稼ぐためにも小説を書いて出版社へ売り込むことを盛んにやっていたわけです。

解雇されたことは大きな打撃で少し参った、と日記に書いています。

浦安の町を歩いて取材した

周五郎は浦安の町をよく歩きました。将来の執筆のための取材です。スケッチもたくさんしています。

真言宗東学寺《しんごんしゅうとうがくじ》(1)近くにあった浦安亭へ浪花節《なにわぶし》を何回か聞きに行きました。記念橋近くの演技館では奇術を見ました。

周五郎が歩いたこの堀江《ほりえ》の道はいまはフラワー通りといいますが、当時、「ごったくや」という小料理屋、釣り舟屋、洋食屋、呉服店、銀行、郵便局、駐在所、消防署、町役場、床屋、風呂屋、若い衆宿、山口屋という料理屋、旅館、芝居小屋や仮設劇場がかかる空き地、演技館、浦安亭などがゴチャゴチャと密集する繁華街でした。ともかく、とても賑わっていました。

（1）真言宗医王山東学寺。真言宗大和国長谷寺末。開基常誉法師。元亀元年（一五七〇）建立。本尊、亀乗薬師如来像。札所三十一番「ふだらくや南のきしを見わたせば誓ひもうみもふかき浦なみ」。

銀ながしが地ならしをして歩いた

周五郎が歩いた頃、浦安の町は「貝殻のある町」といわれたほどのところでした。堀江の道も路地もいたるところに貝殻が敷き詰められていました。ですから歩くとジャリジャリと音がするのでした。

浦安の若い衆や宿に集まっている若い船頭さんたちは、暇があるとこの通りを歩きました。そのことを「地ならし」といいました。二～三人で粋《いき》な着流しに雪駄《せった》の草履《ぞうり》を履《は》いて、ブラブラと「オッ」と声をかけながら歩いたのです。あちらこちらから「オッ」「オッ」と返事がありました。こういう若い衆のことを「銀ながし」といいました。色男とか洒落《しゃれ》者《もの》とかの意味でした（『おばばと一郎3』）。

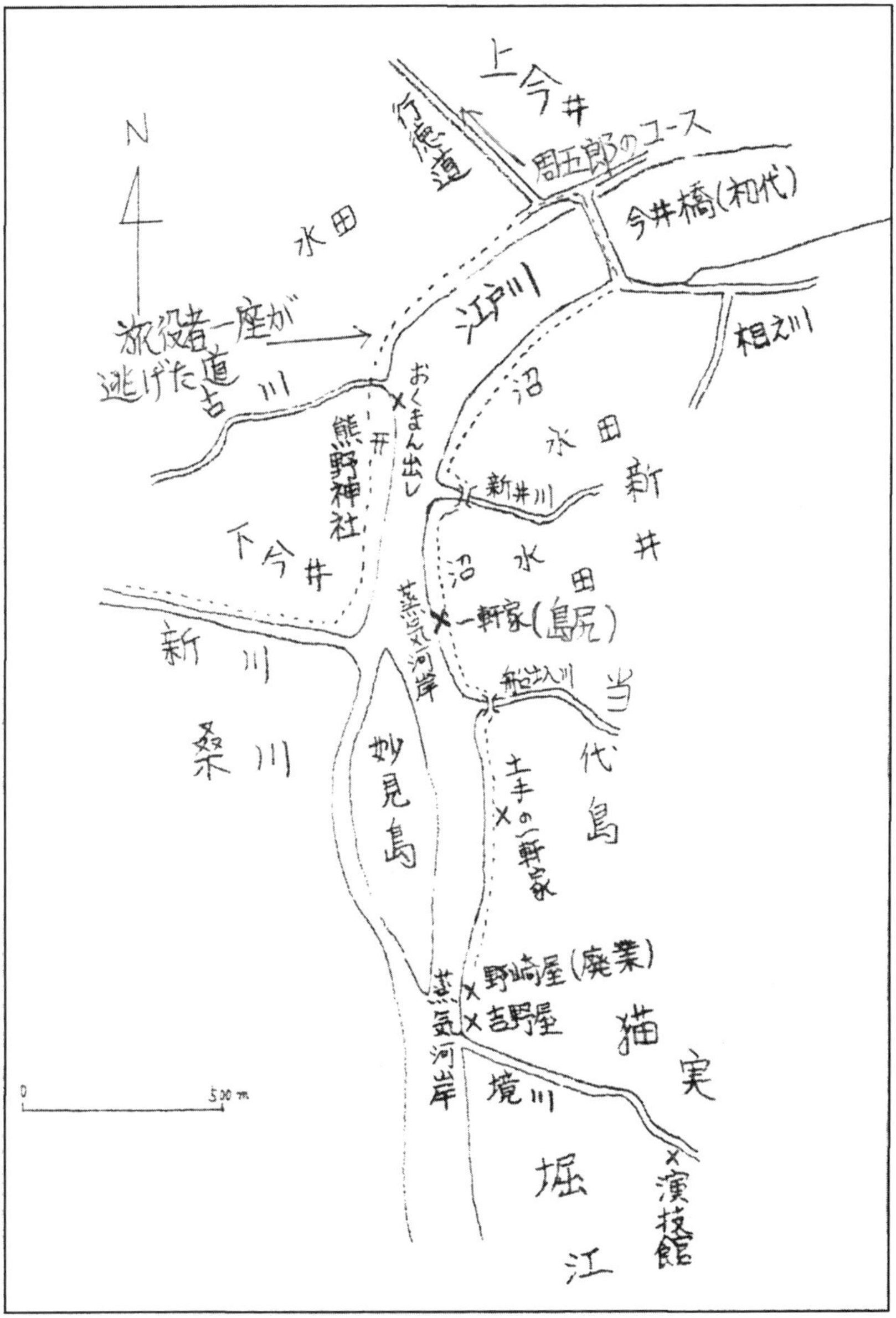

昭和初期（1930年前後）の江戸川周辺（著者作図）
破線は役者一座が夜逃げをしたコース。周五郎は途中、行徳道を逃げた

役者一座が夜逃げをして行った

そんな堀江の通りで大火事がありました。

昭和三年十一月三日、午前零時半頃、暴風雨の中、演技館が燃えました。旅役者の一座が寝泊まりしていたのですが、その人たちが周五郎が寝ていた家の前の土手道を裸足《はだし》でピシャピシャと足音を立てながら逃げて行きました。

行徳はあぶねえと思うが、今井橋から新川堀へ行ったらどうか、かあちゃんさむいよ、耳へ雨が入るよ、と女の子の声などがしました。

演技館は建て直されましたが、その後に浦安映画館になりました。いまは公園になっています。

失意の周五郎は三角州へ行き青べかの中で本を読んだ

昭和四年（一九二九）一月三十一日、周五郎は結婚出来ると思っていた女性に断られて失意のどん底になりました。

失意の周五郎は青べかに乗って江戸川を下り、今はディズニーランドになっている辺りの三角州の中で、青べかに寝転んで『若きウエルテルの悩み』という本を読んで過ごしました。

それとともに、貧乏のどん底で、原稿を書くための原稿用紙もなくなり、買うことも出来ず、反古《ほご》にした紙の裏側に小説を書きました。暖房の炭もなくなって手が凍えてペンが何度も手から落ちました。江戸川の川が凍って氷の凍《し》み割れる音がビシビシと聞こえてきました。

執筆の資料として持って来ていた大切な本までも売ってしまいましたので、原稿を書く時にとても不便をしました。

食べるものにも困る周五郎は船宿吉野家の「長《ちょう》」少年に連れられて青べかに乗って貝を獲ったり、フナやエビを捕まえたり、荒地や堤防などでつくしんぼを採って食べていました。

ススキの穂を掻き分けながら東京へ脱出していった

昭和四年（一九二九）九月二十日、すべての計画は破れて、周五郎はカワウソのように浦安を逃げ出しました。とても世話になっていた人にさえも何も告げずに去りました。

持って出たものは、書き上げた幾篇かの大切な原稿、取材ノート、スケッチブック、ペ

山本周五郎がススキを掻き分けながらたどった土手道は現在、路線バスが運行されている。正面奥が島尻の一軒家方向、左は広尾防災公園。右は旧江戸川だが、30ｍほど堤防が川中へ突き出て作られている。手前を進むと今井橋

ンだけでした。

蒸気船には乗りませんでした。歩いて町を脱出しました。

脱出路は、かつて旅役者の一座が暴風雨の中、通った道でした。江戸川の土手道を川を左に見ながら上流へ歩きました。当代島を過ぎると市川市の島尻《しまじり》ですが、その時代には家は一軒しかなくて蒸気船の船着場があるだけでした。ですから一軒家といえば島尻のことでした。

新井川《あらいがわ》（現新井緑道）にかかる舟板を渡しただけの橋を渡り今井橋まで行きました。そこまでの道は狭い土手道の両側からススキの穂が背丈

よりも高く伸びていて、掻き分けながら泳ぐようにして歩いてきたのでした。

　今井橋を渡った周五郎はチンチン電車と呼ばれた一両だけの電車に乗って行ったのでした。今井橋を渡ったのは浦安橋がまだかかっていなかったからです。浦安橋は昭和十五年（一九四〇）に出来ました。

映画になった『青べか物語』

　昭和三十五年（一九六〇）一～十二月、『文藝春秋』に『青べか物語』を連載、翌年刊行して大ヒットし、作家として不動の地位を得ました。

　昭和三十七年（一九六二）に青べか物語が映画化され、撮影は当代島の船圦川《ふないりがわ》で行われました。かつて火事で燃えた演技館跡に建てられた浦安映画館で上映されました。初日と二日目は客が入りましたが、三日目にはたったの十人くらいに減り、四日目にはとうとう一人も客が入りませんでしたので上映中止になってしまいました（『周五郎が愛した「青べかの町」』）。

　浦安を一躍有名にした小説は、真実をありのままに書いたが故に、映画化された時に、浦安町民の「誇張しすぎている」「嘘が多い」という批判にさらされて評判が良くなかったのでした。

三十年後、周五郎は船宿千本の吉野屋さんを訪ね、成長した「長《ちょう》」さんと再会しましたが、長さんは周五郎のことを覚えていませんでした。

いまは「ちょう」さんの跡を継いだ「しん」さんが船宿千本を切り盛りしています。

周五郎の金言と恩返し

最後に、周五郎の日記の中の言葉を紹介して終わりにします。

「幸運を望む男よ、お前が三つしか事を為《な》さないのに十の結果を望んでいる間は幸運は来はしない」

「幸運を望む男よ、お前が二つの結果を得るために、十の事を為《し》たら必ず、幸運は来るぞ」

苦しい生活の中で周五郎はこのことを心に秘めて執筆をしていたのです。

周五郎はたくさんの人に不義理をして浦安を去りましたが、『青べか物語』の大ヒットによって浦安の人たちに恩返しをしたのだと思います。

山本周五郎の略歴

本名、清水三十六《さとむ》。明治三十六年（一九〇三）六月二十二日、山梨で生まれる。小学校三年生の時に担任に小説家になれといわれて志す。十三歳で東京木挽町《こびきちょう》の山本周五郎商店という質屋に住み込む。二十歳で関西の新聞社、雑誌社に勤務。二十三歳で日本魂社の記者になる。二十五歳の時浦安に渡る。十月に日本魂社を解雇される。数々の作品を発表後、五十一歳で『樅《もみ》の木は残った』、五十七歳で『青べか物語』を刊行、昭和四十二年（一九六七）二月十四日急逝、六十三歳。

永井荷風と歩む行徳街道

本八幡からバスに乗って行徳を走った

作家永井荷風《ながいかふう》は市川においてとても有名ですが、今日は荷風の日記『断腸亭日乗《だんちょうていにちじょう》』に記された行徳の記事を題材にお話ししたいと思います。

荷風は昭和二十二年（一九四七）十月八日、総武線本八幡駅《そうぶせんもとやわたえき》北口から浦安行のバスに乗りました。昔は今の南口でのバスの乗降はありませんでした。バスは国道14号線に出て左折、すぐの信号をまた左折して行徳街道に入り新道《しんみち》を南下、大正《たいしょう》十一年（一九二二）三月十一日竣工の初代行徳橋を渡り行徳の町へ、そして浦安の終点まで行きました。荷風は浦安の町を散策してバスで引き返しました。

荷風は行徳と市川での見聞を小説『にぎり飯』に書き込みましたのでそれを紹介しましょう。

永井荷風

明治十二年（一八七九）、東京文京区小石川で生まれる。名は壮吉。父は尾張藩士《おわりはんし》の長男、文部省会計局長、日本郵船横浜、上海《しゃんはい》支店長を歴任、漢詩人とされる。大正五年（一九一六）十月、荷風三十七歳、東京大久保の住居の玄関六畳間を「断腸亭」と命名、大正六年（一九一七）九月十六日〜昭和三十四年（一九五九）四月二十九日まで一日も休まず四十三年間日記を綴り、日記文学の最高峰とされる。腸に持病があったために断腸亭と名付けたとされ、日乗とは日記の意。

昭和二十一年（一九四六）、千葉県市川市菅野《すがの》二五八番地（現菅野三－七）に借家、昭和二十二年一月七日、菅野二七八番地（現菅野二－一九－八）の小西茂也宅に寄寓《きぐう》、昭和二十二年十月八日、八幡《やわた》から京成《けいせい》バスで行徳の町を観《み》に行く、六十八歳。昭和二十二年（一九四七）十一月十二日、『にぎり飯』を書き上げる。昭和二十三年、菅野一一二四番地（現東菅野二－九）に新築転居、昭和三十二年三月、八幡（現八幡三－二五－八）に住宅を購入転居。昭和三十四年（一九五九）四月三十日、胃潰瘍《いかいよう》の吐血《とけつ》で死亡、八十歳。

「荷風」の名は中学生の時、入院中に看護婦のお蓮《れん》に憧《あこが》れたことからの命名とされる。「荷」は蓮《ハス》の意。

断腸亭日乗

昭和二十二年

十月初八。晴。（中略）午食《ごしょく》の後行徳の町を見むとて八幡よりバスに乗る。(1)省線電車《しょうせんでんしゃ》線路を越ゆれば一望豁然《かつぜん》たる水田にして(2)稲既に刈取られて日に曝られたり。路傍《ろぼう》に莚を敷きて稲を打つ家もあり。右側に一古松の蟠《わだかま》れるあり。樹下に断碑《だんぴ》二三片あれど何なるを知らず。(3)忽にして行徳橋を渡る。放水路に架せられし木橋にして(4)眺望ますます広く水田の彼方に房州の山を見る。これより車は江戸川の堤に添ひたる行徳の町を走る。人家は大抵平家にして瓦屋根と茅葺《かやぶき》と相半す。(5)ところどころに雑貨を売る商店あり。通行人割合に多く、バスの停る毎に乗降するもの数人あり。二三十分にして浦安町入口の終点に達す。木造ペンキ塗の休憩処あり。右方に鉄橋ありて欄干《らんかん》に網を干したり。橋は妙見島を過ぎて(6)対岸に至れば真直に江戸川区を貫き走れる新道につづく。両岸に小舟多く繋がれ三々伍伍釣客の糸を垂るゝを見る。島上には石油会社の門札出したる工場あり。時に東京鎧橋《よろいばし》へ往復する小蒸汽船一艘《そう》乗客を満載し川を下り来りて浦安の岸に着するを見る。踵《きびす》を回《めぐら》してその桟橋のほとりに至り見るに、沿岸の人家は皆釣客を迎ふる貸舟屋なり。(7)一筋の細流あり。(8)漁船輻湊《ふくそう》し或は帆を干し或は網を干す。岸には女供《おんなども》の或は物洗ひ或は小魚を料理するに忙しきさまなり。魚の名を問ふに小女子《こおなご》魚なりと言ふ。細流には昔風の木橋をかけたり。(9)水辺の漁家陋穢甚し。小橋を渡れば道路狭隘《きょうあい》にして迂曲《うきょく》限りなく玉の井の路地に入るが如《ごと》し。商店住宅錯雑《さくざつ》し人の往来賑なり。小学校の運動場ひろびろと見ゆるあたりに曲りて広き道を半町《はんちょう》あまり歩み行けばもと来りしバスの終点に出づ。(10)帰途行徳橋にて車を下り放水路の関門を観《み》て後堤上を歩む。農夫黒き牛数頭を放ちて草を食《は》ましむ。(11)来路を辿《たど》り八幡に出で野菜を購ひて(12)かへれば夕陽既に低し。

（後略）

（1）「行徳の町を見むとて八幡よりバスに乗る」とあります。荷風の思う「行徳」とは、行徳橋を渡った南側の地だったことがわかるでしょう。

荷風は昭和二十二年（一九四七）十月八日、市川での二ヶ所目の住いの市川市菅野の自宅を出て、徒歩かあるいは京成電車で一駅を乗って京成八幡駅前《けいせいやわたえきまえ》に来ました。時々かつ丼を食べると書いている店を左に見ながら線路を渡って国道14号線との交差点に出ました。線路を渡らず左折すると、この道は「中央道」と言って行徳の塩を宮久保《みやくぼ》や曽谷《そや》などの台地へ行商する塩の道でした。途中、衣川《ころもがわ》がありチョイム河岸がありました。

（2）「省線電車線路を越ゆれば一望豁然たる水田にして……」とあるので、バスは北口から国道14号線に出たことがわかります。

大正元年（一九一二）から始まった江戸川放水路開削工事とともに、放水路から北側の「耕地整理事業」も実施されました。その記念碑が葛飾《かつしか》八幡宮《はちまんぐう》入口の京成電車線路脇に建立されています。耕地整理とは農業基盤のための土地の整理ですので、その地域が住宅地や工場になっている現在でも道路は狭いです。昭和二十二年当時は本八幡駅南口方面は一面の農地だったことがわかるでしょう。

『市川の伝承民話』第五集に「八幡から行徳へ行く道」というのがあって、「本八幡のむこうは全部田んぼだったんです。南側は全部です。（中略）だから、八幡から行徳へ行きますとね、左を見ると船橋が見えたんです。右見ると、江戸川の土手が見えたんです。その時代はなんでもかんでも歩かなければなんないんで……。（後略）」とあります。

荷風はバスの中から、農民が道路にむしろを敷いて稲束を並べて、その上から棒で叩いて稲穂を落とす作業をしている光景を見たのです。

荷風を乗せたバスが八幡を出て走った道路は「新道《しんみち》」と呼ばれている道で、徳川家康が東金《とうがね》に鷹狩りに行くために慶長《けいちょう》年間（一五九六～一六一五）に作らせたとされている道路です（『葛飾誌略』）。国道14号線の交差点から市川市稲荷木《とうかぎ》の一本松までの直線道路で、約千五百三十メートルほどです。今では、浦安から国道14号線間交差点までを行徳街道と呼んでいます。

なお、14号線からＪＲ総武線高架下までの区間は「新道商店会」の旗が道路脇のポールに掲げられ、今もその名を残しています。

（3）「右側に一古松の蟠れるあり。樹下に断碑二三片あれど何なるかを知らず」とは、稲荷木《とうかぎ》一本松バス停脇のことを言っているのです。

一本松は新道を造成した時に目印として植えられたものです。京葉道路《けいようどうろ》開通後に松が枯れたので昭和四十八年（一九七三）に伐採され、その時に樹齢約百八十年とされましたので、江戸時代寛政《かんせい》の頃（一七八九〜一八〇一）に植えられたものとわかりました。ですから、伐採された松は最初に植えられた松の木から二代目か三代目の松だったのでしょう。

「断碑」とは二つあり、一つは道標です。「三猿　講中　正徳《しょうとく》三　癸巳歳《みずのとみのとし》十一月十六日　これより右やわたとおり　これより左国分寺《こくぶんじ》みち」とあります。正徳三年は一七一三年。この地点が、開発された新道と昔からあった国府台《こうのだい》への道との分岐点《ぶんきてん》だったとわかります。

もう一つの碑は「馬頭観世音菩薩《ばとうかんぜおんぼさつ》　文化《ぶんか》六　己巳《つちのとみのとし》年五月　建之《これをたてる》　山田甚兵衛、椎名太郎兵衛」とあります。文化六年は一八〇九年です。

　この二つを荷風はバスの中から見ていたわけですが、荷風が通過した時にここになかったものが今はあります。それは「延命地蔵《えんめいじぞう》」で「百所供養佛　稲荷木村　施主椎名茂右衛門　行徳導師　浄閑寺《じょうかんじ》」「東西南北」台座と蓮華座《れんげざ》に二百名の人名が刻まれています。享保《きょうほう》十二年（一七二七）のもの。風化が激しいです。これはもともとは新道と国道14号線の交差点にあったものです。八幡の四つ辻に道標として置かれるとともに、旅人等が辻斬りや追いはぎなどの災難に遭った時に供養のために建立したものとされています。都営地下鉄10号線の駅入口予定地となったために奉納者の地元稲荷木に移転することとなり昭和六十年（一九八五）七月十五日に一本松の地に安置されたのでした（『明解　行徳の歴史大事典』）。

（4）「忽にして行徳橋を渡る。放水路に架せられし木橋にして」とある橋は、大正十一年（一九二二）三月十八日に開通祝賀式を執り行った初代の行徳橋のことです。これは現在の新行徳橋（昭和四十七年〈一九七二年〉六月七日開通）のすぐ下手にありました。今は当時の橋げたのコンクリートの基礎が干潟に露出して残されています。二代目の橋は昭和三十二年（一九五七）三月に竣工したもので可動堰《かどうぜき》が設置されています。二〇一七年現在は三代目の行徳橋を建設中です。

初代の橋は木橋だったので穴があいたりしていました。筆者が小学校一年生の時、怪我《けが》をして、父に背負われて自転車でこの橋を渡って八幡の病院まで通ったことを覚えています。当時は行徳地域には外科の病院がなかったのです。帰路、初代の行徳橋の上から夕日に映える富士山がとてもすてきに見えたことを覚えています（『おばばと一郎4』所収「ぬくもり」）。

荷風はこの行徳橋がとても気に入っていたらしく、何度か記念撮影をしています。『荷風ノ散歩道』『葛飾の永井荷風』などに写真が載っています。スーツにハット、手提げカバン、オーバー等々、得意のポーズで写っています。

「眺望ますます広く水田の彼方に房州の山を見る」とあるのは、南東の方角を遠望しているわけですが、これは行徳に向かって左ということです。やはりこの時代は高い建物がなく、空気も澄んでいたので遠くがよく見えました。

『市川の伝承民話』第一集に「鹿野山《かのうさん》の猿が見える」という話が収録されていて、「真っ青な空は、そのまま海に続いていてよ、座敷に座ったまんま、ベカ船や帆かけ船が行き来すんのが手に取るように見えただ。おらンが子供じぶんにゃ、朝寝坊しとると、父ちゃんが外からでけえ声で、ほれほれ早く起きろ、今日も鹿野山の猿が見えるぞ、と呼ぶだ。（中略）今日も鹿野山の猿がよく見えンねえ、の挨拶で一日が始まっただ。（中略）今の子どもたちにもぜひもう一ぺん、見せてやりてえもんだなあ」とあります。残念なことに荷風は右側を見ていなかったらしくて、富士山についての記述が欠けています。

（5）荷風の乗ったバスは行徳街道を走りますが、人家の屋根は瓦葺と茅葺が半々でした。この時代はみなそうでした。筆者の子供時代のことでしたから筆者も同じ風景を見ています。荷風は筆者の自宅があった新井《あらい》の道路をバスに乗って通っていたのです。筆者がそのバスを見ていたかもしれないのです。しかし、郷土史を調べるようになるまでは、我が家の前を荷風がバスで通ったなどとはまったく知りませんでした。

なお、昭和二十年代（一九四五〜一九五四）にはすでに行徳街道は舗装されていました。ただ、今のような丈夫な舗装ではなくて、夏の暑い季節には舗装が融けてぐちゃぐちゃで下駄などにくっついてしまうような舗装でした。

荷風は沿道の神社仏閣の紹介はしていません。もちろん日記ですから詳細は書かなかったのでしょう。荷風は「現市川市相之川」をバスで通過しているわけですが、『にぎり飯』という小説で相之川を登場させています。『にぎり飯』は昭和二十二年（一九四七）十一月十二日に書き上げられたものですが、荷風六十八歳の作品、前の月の十月八日にバスで「相の川」バス停の前を通過したのですから、取材旅行だったと思えるのです。このことに関しての文書は残っていませんが経緯からそう思えるのです。小説では、東京の人が空襲で焼け出されて葛西橋《かさいばし》のたもとで「行徳に心安いとこがあるんです。そこへ行って見ようかと思っています」とか、「行徳なら歩いて行けますよ」とか、「南行徳町□□の藤田ッていう家です。八幡行のバスがあるんですよ。それに乗って相川ッていう停留場で下りて、おききになればすぐわかります。百姓している家です」などと会話させています。

小説『にぎり飯』の中で「相川ッていう停留場」と書かれているバス停の標識は昔から「相の川」である

(6)~(10)浦安の町の風景描写。鉄橋とは初代の浦安橋のことで、昭和十五年(一九四〇)二月二十一日に開通、今井橋よりも二十八年も遅い架橋でした。島とは妙見島のこと。

この島は内匠堀《たくみぼり》を開削した狩野浄天《かのうじょうてん》の子孫が、享保《きょうほう》の頃の代官小宮山杢之進《こみやまもくのしん》の手代《てだい》として活躍した功績によって狩野氏が賜った島という由緒（『葛飾誌略』）があります。明治までは下総国《しもうさのくに》行徳領、今は東京都江戸川区東葛西《ひがしかさい》になっています。対岸の道路を新道としていますが、今の葛西橋通り。

荷風は浦安橋と妙見島を右に見て、三々伍伍釣りをしている釣客を冷やかしながら蒸気船の発着場へ来ます。十月八日ですから釣っている魚は十五センチほどもあるハゼだったことでしょう。蒸気船が着いた場所は現在では釣り宿吉野屋がある場所です。吉野屋さんは山本周五郎の『青べか物語』で有名です。周五郎は昭和三年（一九二八）八月十二日に浦安に移り住み、昭和四年九月二十日に浦安を去りました。荷風が浦安へバスで来た十八年前のことでした。

「一筋の細流あり」というのは境川のこと。荷風が渡った木橋は新橋といいました。対岸に旧浦安町役場がありました。左に境川を見ながら進んだ荷風は堀江《ほりえ》の町並みと繁華街を通過します。漁師町の雰囲気がとてもよく書かれていると思います。それから別の橋を渡って戻りますが、こちら側は猫実《ねこざね》で、庚申様《こうしんさま》の前を通過すると右側に浦安小学校が見えてきます。その先を左折すると浦安橋に通ずる道路で、橋の近くにバス乗り場がありました。

(11) 帰路、荷風は行徳橋を渡ったところでバスを降りました。稲荷木《とうかぎ》です。堤防の上を上流に向かって歩きました。放水路と上流の江戸川とを隔てる「堤防」を観ました。荷風が来た時は現在の可動堰がついた二代目の行徳橋はまだなかったので、固定された「堤」を見たわけです。上流が洪水で満水になると濁流がここをオーバーフローして東京湾に流れる仕組みです。今では可動堰を開閉して調節しています。いま昔のその堤の上に可動堰が設置されている二代目の行徳橋が架かっています。

荷風は江戸川堤防上を進みますが、農家の人が黒い色の牛を数頭放牧して草を食べさせているのを目撃しています。荷風が堤防の上から本八幡駅を遠望していたことは確かでしょう。

小説家はよく散歩をします。きっといろいろと構想を練っていて、頭の中では試行錯誤を繰り返しているのでしょう。

(12) そうしてから堤防を下ってバス通りに出て一本松前を歩いて八幡まで戻り、野菜を買って帰宅、そうしたら夕日が沈もうとしていた時間だったと書いています。

作家三島由紀夫の小説『遠乗会』の市川と行徳

今日は、作家三島由紀夫《みしまゆきお》が『遠乗会』（『三島由紀夫短編全集』所収）という小説を書くために市川市行徳の鴨場《かもば》まで馬に乗って来た話をしたいと思います。

三島由紀夫のプロフィール

大正《たいしょう》十四年（一九二五）一月十四日東京四谷《よつや》に生まれる。父は農林省官吏《のうりんしょうかんり》。幼児期は病弱でした。学習院初等科・中等科・高等科を首席で卒業後、東京帝国大学法学部法律学科に推薦入学。

十二歳の時に詩・随筆を発表、十三歳で短編小説を発表、十六歳の時に三島由紀夫のペンネームを使う。昭和二十一年（一九四六）二十一歳、川端康成の推薦で『煙草』を発表し文壇に出ました。昭和二十二年（一九四七）二十二歳、東京大学卒業、高等文官試験に合格し大蔵省銀行局に勤務したが、翌年、創作に専念するために退職。昭和四十五年（一九七〇）三島四十五歳、十一月二十五日、陸上自衛隊市ヶ谷駐屯地東部方面総監室で自決。代表作は『仮面の告白』『愛の渇き』『潮騒』『金閣寺』『憂国』『豊饒の海』、その他。

三島由紀夫は、一見平穏な市民の生活に、いつでも修羅《しゅら》を見ていたという（ちくま日本文学全集『三島由紀夫』所収「わが友ミシマ」森毅著）。

三島は太宰治《だざいおさむ》を友人数人と訪問し、太宰から杯をもらった。氏の一言一言にみんなが感動していた時、三島だけは懐《ふところ》に匕首《あいくち》を呑んできたテロリスト的心境でそれを眺めていた。三島は来る道々、どうしてもそれだけは口に出して言おうと心に決めていた一言をいつ言おうかと隙を見ていた。「僕は太宰さんの文学はきらいなんです」と実物の太宰氏へ言った。これを言わなければ自分の文学上の生き方も、これを限りに見失われるに違いないと三島は思っていた。その瞬間、太宰氏はふっと三島の顔を見つめ、軽く身を引き、虚をつかれたような表情をした。これで三島は太宰氏に関する記憶は急に途切れ、闇の中に退いていった（ちくま文学全集『三島由紀夫』所収「私の遍歴時代　抄」より）。

短編小説制作の常とう手段

三島由紀夫は短編集の解説で、『遠乗会』は短編を書く技術がようやく成熟してきた時期に、パラレリズムの手法を使って画いた一幅の水彩画だが、遠乗会の描写そのものは、自分も加わったパレス乗馬倶楽部の遠乗のスケッチであって、そういう実際の何ら劇的でない経験の微細なスケッチに、何らかの物語を織り込むというやり方は、今に至るまで私の短編小説制作の常とう手段になっている、と書いていています（『市川の文学』所収「三島由紀夫」）。

なお、筆者の調べでは、昭和二十一年～二十五年までの四月二十三日が日曜日にあたる年は昭和二十五年四月二十三日だけでした。したがって筆者は三島の解説と照らし合わせ、かつ、別冊文藝春秋に掲載された昭和二十五年八月ということと併せて、パレス乗馬倶楽部の遠乗会《とおのりかい》は昭和二十五年四月二十三日に行われたと断定しました。

遠乗りの概略

三島由紀夫は数々の著作を重ね、昭和二十五年（一九五〇）八月、別冊文藝春秋に『遠乗

行徳橋上流の市川市河原地先の江戸川堤防上から市川駅方向を遠望する。写真中央左の2棟の高層ビルはJR市川駅前のもの。市川橋はビルの左手にあたる。グラウンド対岸は三島由紀夫が馬に乗って走った江戸川堤防

会』を発表、この年三島二十五歳。これに先立ち、同年四月二十三日日曜日に三島由紀夫が所属していたパレス乗馬倶楽部主催の遠乗会に参加、東京丸の内から市川橋を渡ってきた馬に乗り継ぎ、江戸川左岸堤防上を馬を駆けさせ、初代の行徳橋を渡って行徳の町のコンクリートの道路を進んで、農道のような鴨場道を一列で行進して鴨場へ到着、すき焼きでパーティをしました。終了後、他の参加者がもと来た道を東京へ戻りました。馬の数は二十頭ほどとされます。

遠乗りのコース、参加者多数のため馬が足りず三班に分かれた

第一班　パレス乗馬倶楽部ハウス〜市川

橋東詰まで、馬二十頭。ここで第二班と交代。

第二班　市川橋東詰〜鴨場まで。ここで第三班と交代。すき焼きパーティと余興鑑賞。

第三班　鴨場〜パレス乗馬倶楽部ハウスまで。第三班が一番の遠乗りになります。

三島由紀夫は第二班と推測。根拠は『遠乗会』描写が市川橋から始まり鴨場で終わっていること、省線《しょうせん》「市川駅」（現ＪＲ総武線）で下車して交番で道を尋ねた描写などが詳細であること、第一班と第三班が遠乗りした地域の描写がまったくないことなど。

第一班は市川橋東詰で下馬してから迎えのバスに乗って鴨場へ行きました。

第二班は省線市川駅下車で市川橋まで歩いて来て待機して、第一班と交代して馬に乗りました。

第三班は鴨場へ直行していて、第一班のバスと第二班の馬が到着するのを待っていました。

帰路は、第三班は丸の内まで遠乗りで、一班と二班は迎えのバスで東京へ帰って行きました。

市川橋東詰交番前

昭和二十五年（一九五〇）四月二十三日日曜日午前九時過ぎ、パレス乗馬倶楽部の面々は二十頭もの馬に乗って丸の内から市川橋東詰に到着しました。

三島由紀夫は省線電車に乗って市川駅下車、駅前交番で道を尋ねて市川橋東詰で待っていました。参加者全員が英国風仕立ての乗馬服と白い手袋、鳥打帽、蝶《ちょう》ネクタイ、金メッキの拍車がついた長靴《ちょうか》、ドイツ製の鞭《むち》を持っていました。乗馬服姿で電車に乗ってきたので、一般市民や交番の巡査は何事かと驚きました。

参加者は元日本陸軍の将軍、元騎兵隊大尉、博士、宮内庁侍従職《じじゅうしょく》、元伯爵《はくしゃく》、その他関係者の子女たちでした。

先導する先達《せんだつ》は元将軍と博士が交互に行いました。市川橋からは博士が担当しました。

馬は一頭一頭に名前が付けられていました。例えば先達が乗る馬は白馬の明潭《めいたん》、主人公が乗った馬は楽陽《らくよう》で、その他、室町《むろまち》、山錦《やまにしき》、玄武《げんぶ》など合計二十頭。

堤防上を二列縦隊の馬が二十頭疾駆する

二十頭が揃った時に、先達の先導で三島由紀夫たち第二班は江戸川堤防を下流へ馬を進めました。初めは「並足《なみあし》で歩きだし」、少し進んでから「二十頭は二列を組んで草の青みかけた江戸川堤を速歩で走つた」。

並足《なみあし》とは、馬の速度でもっともゆるやかなもの、一分間で約八十六メートル（一秒で一・四メートル進む）。人間の歩く歩幅の二倍強。速足《はやあし》とは、一分間に二百十メートル（一秒で約三・五メートル進む）の駿足《しゅんそく》であり、人間の場合の五倍の速度。

堤防の上を二列縦隊の馬が疾走《しっそう》する。

「日は再び曇り、川面は澱《よど》んだ空のいろを映してゐる。釣をしてゐる人が點々と川ぞひにうしろ姿を見せてゐるのが、時ならぬ騎馬の一隊にふりかへつて、これを見送る。竿が上る。釣絲がひるがへる。道ばたの煉瓦造りの硝子工場から犬が走り出て吠えかけた。道のまんなかに臥《ね》てゐた黒牛が、風を切つて走つてくる馬の群におどろいて、周章《しゅうしょう》狼狽《ろうばい》して河原へ駈け下りた。牛の駈ける姿は、都会ではあまり見ることができない。この頭陀袋《ずだぶくろ》のやうな獣《けもの》のあわてやうが馬上の一行を笑はせた」

市川橋と市川の渡しの逸話

市川橋は「江戸川橋」として明治《めいじ》三十八年（一九〇五）一月十六日竣工、現在の京成電車鉄橋のすぐ下手付近に架橋《かきょう》、昔の市川の渡しの上流とされています。木橋。長さ百八十メートル、幅六・三メートル。この橋は突貫工事《とっかんこうじ》で作られました。その理由は、日露戦《にちろせん》争《そう》に出征した兵士たちを迎えるためでした。

出征する時は、橋がなく、市川の渡しだけだったので「舟橋《ふなはし》」を作り、上に板を敷き、その上を兵隊、馬、銃器、兵糧《ひょうろう》などを渡しました。そのため大渋滞が生じ、中山法華経寺《なかやまほけきょうじ》の先、船橋《ふなばし》（現船橋市）近くまで行列が続き、鬼越《おにごえ》や中山の神社の境内に馬を繋ぎ、兵士は民家に分宿する有様でした。宿の子どもたちと兵士が待ち時間を利用して境川（のちの真間川《ままがわ》のこと）などの川で釣りをして興じていました（『市川市史』第三巻）。

市川橋は昭和二年（一九二七）十二月二日に現在地に架け替えられ、昭和四十二年（一九六七）三月に上下二本の橋が完成しました。

三島由紀夫が橋詰で待っていたという市川橋は昭和二年に完成した橋のことです。

総武線について

明治二十七年（一八九四）七月十日、市川―佐倉間、十二月九日、市川―本所間開通。ただし、単線。しかも一日に五～七本の輸送だけでした。明治四十年末（一九〇七）に複線化されました。

したがって日露戦争出征の時は単線であり、本数も少なく、乗せたのは騎兵隊の馬、騎砲、陸軍の重砲などで、その他の軍需物資は市川の渡しを舟橋で渡河《とか》したので大渋滞が生じたのです。兵士が帰還した時も単線のままでした。そのために江戸川橋を架橋しました。

なお、京成《けいせい》電車は明治四十四年（一九一一）十二月九日に起工式がされましたが、開通したのは江戸川対岸まででした。

行徳の町を駆け鴨場へ行く

「やがて一行は並足に戻つて、長い木橋を渡りだした」

長い木橋とは初代の行徳橋のこと。この橋は三島由紀夫が渡る二十二年前に山本周五郎が渡り『青べか物語』を著しました。また、三島が渡る三年前には永井荷風がバスで渡って『にぎり飯』を書いています。初代の行徳橋は有名な文人と縁があったのです。

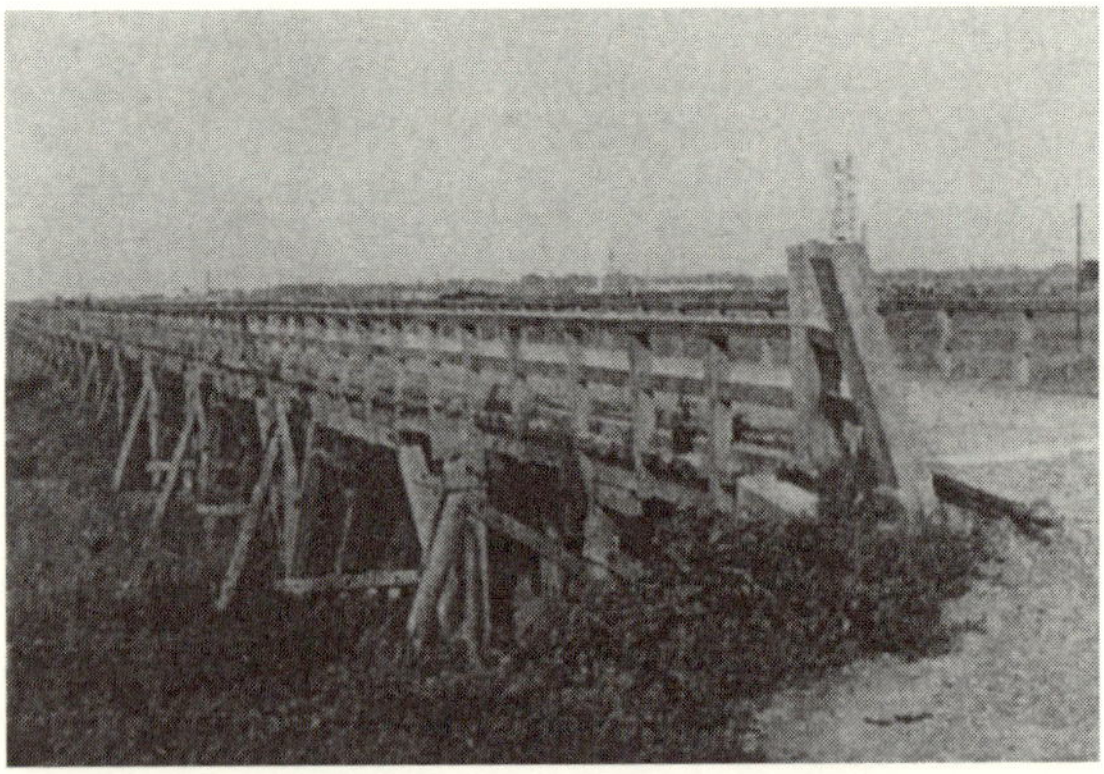

初代の行徳橋。大正11年3月架橋。この橋のすぐ右手に現在、新行徳橋がある

行徳の町はコンクリートの道だと三島は書いています。

「一行は左折して一列になつて田圃道《たんぼみち》にさしかかると、野末《のずえ》から吹き寄せる遠い海風の香りをかいだ。海は見えない。行手の小暗い森影が御猟場《ごりょうば》であつた。（中略）静かな庭の池に臨んだ芝生の上に、椅子や卓が散在して（中略）談笑してゐる。（中略）一同は室内へ入つて、鋤焼《すきやき》の中食《ちゅうじき》をとつた。（中略）食事がすんで余興がある。（中略）吹寄せの名人が千鳥の笛を吹いた。その霊妙な人工の囀りに、一同はうつとりして聴き惚れた」

左折した田圃道とは、鴨場道のことです。千葉県市川市湊《みなと》（バス停は湊新田）に入口があります。くねくねと曲がった道が続きましたが、途中に馬屋などがあった時代がありました。乗馬で鴨場に乗りつけるのは不敬ということで、馬を馬屋に預けて行ったのです。戦争が終わるまでは兵隊さんが蒸気船に乗って湊の渡し（今は痕跡がありません）の桟橋に着き、兵隊が並んで鴨場まで行進しました（『葛飾風土史 川と村と人』）。いまは道は切れ切れになってしまっています。

途中、現在の行徳駅前公園近くにあった圦河橋《いがばし》を渡ったところの左側に「しろへびさま」と「ぎょうにんさま」の塚がありましたので、三島由紀夫の一行は馬上からそれを見たに違いありません。また、鴨場前の新田《しんでん》圦《い》河《が》には漁師のべか舟が多数舫《もや》ってあり貝漁で賑わっていたので、それも眺めたことでしょう。

忘れてしまったことを知ってしまった時の不幸な気持ち

三島由紀夫の『遠乗会』は、三十年の時を経て偶然に再会した元恋人同士が、求婚を拒んだ浅はかな少女の淡い思い出と、恋を打ち明けたことさえも忘却してしまった老将軍との出会いを書いています。

「さうですかねえ。私もそんなことがあつたかもしれないが、みんな忘れてしまつた」

「あたくしも」

「みんな忘れてしまつた」

人生には、忘れてしまった方が幸せである場合と、忘れてしまったことを知ってしまったことが不幸せである場合があるということをこの小説からは読み取れると思います。

パレス乗馬倶楽部の第三班の人たちは、もと来たコースを乗馬でさっそうと東京へ帰っていきました。

参考文献

『芭蕉必携』 尾形仂編者　学燈社　一九八七年六月三十日発行
『芭蕉事典』 松尾靖秋著　春秋社　一九七九年十月三十日発行
『房総の芭蕉句碑　下総編』 井上脩之輔著　崙書房　一九八四年二月五日発行
『芭蕉全集』（前編） 日本古典全集刊行会　大正十五年二月十二日発行
『日本橋魚河岸物語』 尾村幸三郎著　青蛙房　一九八四年二月五日発行
『改訂房総叢書』（第四巻） 房総叢書刊行会　一九五九年五月三十日発行
『江戸名所図会・下』 新人物往来社　昭和四十二年五月一日発行
『行徳歴史街道』 鈴木和明著　文芸社　二〇〇四年七月十五日発行
『行徳歴史街道2』 鈴木和明著　文芸社　二〇〇六年十二月十五日発行
『行徳歴史街道3』 鈴木和明著　文芸社　二〇一〇年三月十五日発行
『行徳歴史街道4』 鈴木和明著　文芸社　二〇一三年四月十五日発行
『行徳歴史街道5』 鈴木和明著　文芸社　二〇一六年五月十五日発行
『郷土読本行徳の歴史・文化の探訪1』 鈴木和明著　文芸社　二〇一四年七月十五日発行

『郷土読本行徳の歴史・文化の探訪2』鈴木和明著　文芸社　二〇一四年十一月十五日発行
『明解　行徳の歴史大事典』鈴木和明著　文芸社　二〇〇五年三月十五日発行
『影印・翻刻・注解　勝鹿図志手繰舟』高橋俊夫編著　崙書房　一九七五年七月三十日発行
『勝鹿図志手ぐり舟　行徳金堤の葛飾散策と交遊録』宮崎長蔵著　ホビット社
一九九〇年九月二十九日発行
『一茶全集』信濃毎日新聞社　一九七八年十一月三十日発行
『一茶大事典』矢羽勝幸著　大修館書店　一九九三年七月二十日発行
『一茶漂泊―房総の山河』井上脩之介著　崙書房　一九八二年四月十日発行
『「葛飾誌略」の世界』鈴木和明著　文芸社　二〇一五年四月十五日発行
『「葛飾記」の世界』鈴木和明著　文芸社　二〇一五年十一月十五日発行
『「勝鹿図志手くりふね」の世界』鈴木和明著　文芸社　二〇一六年十一月十五日発行
『市川市の町名』市川市教育委員会　一九八七年三月三十一日発行
『葛飾風土史　川と村と人』遠藤正道著　明光企画　一九七八年三月二十二日発行
『郷土と庚申塔』遠藤正道著　飯塚書房　一九八〇年十月三十一日発行
『浦の曙』遠藤正道著　飯塚書房　一九八二年一月十日発行

『随筆滝沢馬琴』真山青果著　岩波書店　二〇〇〇年六月十六日発行

『浦安町誌　上』浦安町誌編纂委員会編集　一九六九年十二月一日発行

新潮日本古典集成別巻『南総里見八犬伝』滝沢馬琴著　濱田啓介校訂　新潮社
二〇〇三年三月二十日発行

『今よみがえる里見忠義の足跡』伯耆倉吉里見忠義関係資料調査報告書
里見氏調査会発行ＮＰＯ法人安房文化遺産フォーラム　二〇〇八年十月十一日発行

『ミネルヴァ日本評伝選　滝沢馬琴―百年以後の知音を俟つ―』高田衛著
ミネルヴァ書房　二〇〇六年十月十日発行

『曲亭馬琴日記』新訂増　補柴田光彦　中央公論社　二〇〇九年七月十日発行

『日本大学総合図書館蔵　馬琴書翰集』大澤美夫・柴田光彦・高木元編校者
八木書店　平成四年十一月三十日発行

『馬琴一家の江戸暮らし』高牧實著　中央公論新社　二〇〇三年五月二十五日発行

『勝海舟全集1　幕末日記』講談社

『勝海舟全集20　海舟語録』講談社　一九七二年十一月十三日発行

『勝海舟（五）江戸開城』子母沢寛著　新潮社　一九六九年一月二十五日発行

『塩の日本史』　廣山堯道著　雄山閣出版　一九九七年七月五日発行
『行徳の塩づくり』　市立市川歴史博物館　昭和五十八年三月三十一日発行
『幕末の市川』　市立市川歴史博物館　二〇〇三年三月十六日発行
『観音札所のあるまち　行徳・浦安』　中山書房仏書林　一九八四年十一月三日発行
『江戸川区史』　第一巻　江戸川区　一九七六年三月十五日発行
『市川市史』　第一巻、第二巻、第三巻、第六巻　吉川弘文館
『郷土読本　市川の歴史を尋ねて』　市川市教育委員会　一九八八年三月二十日発行
『よみがえれ新浜』　編集発行行徳野鳥観察舎友の会　一九八六年四月一日発行
三島由紀夫短編全集『遠乗会』　三島由紀夫著　新潮社　昭和六十二年十一月二十日発行
『市川の文学』　市川市教育委員会　一九八二年三月三十一日発行
『広辞苑』　第四版　新村出編　岩波書店　一九九一年十一月十五日発行
ちくま日本文学全集『三島由紀夫』　筑摩書房　一九九一年七月二十日発行
荷風全集『断腸亭日乗』　永井壮吉著　岩波書店　一九六三年三月一日～六四年九月一日発行
永井荷風短編集『にぎり飯』　岩波書店　一九九四年十一月二十八日発行
『荷風ノ散歩道』　市立市川歴史博物館　一九九〇年九月十一日発行

参考文献

「永井荷風と東京展」 東京都江戸東京博物館　平成十一年七月二十六日発行

『葛飾の永井荷風』 高橋俊夫著　崙書房　一九八〇年十月三十日発行

『市川の伝承民話』 市川民話の会編集　市川市教育委員会発行
一九八〇年三月三十一日～一九九九年二月二十日発行

『青べか物語』 山本周五郎著　新潮社　平成二十五年四月二十日発行

『青べか日記』 山本周五郎著　大和出版　一九八〇年九月十五日発行

『周五郎が愛した「青べかの町」』 浦安市教育委員会　一九九八年一月発行

『素顔の山本周五郎』 木村久邇典著　新潮社　昭和五十九年四月二十五日発行

『ぎょうとく昔語り』 行徳昔話の会　二〇〇〇年十一月十五日発行

『おばばと一郎3』 鈴木和明著　文芸社　二〇〇一年二月十五日発行

あとがき

この度の収録では塩焼の郷と言っても地域差がとても大きいこと、寺町から遠く離れた行徳の塩焼では辺境の地ともいえる新井地域や欠真間《かけまま》・湊・湊新田地域の農民の思いを伝えることが出来たと思っています。

本行徳を中心とする地域では戦国時代や江戸時代初期〜寛永《かんえい》の時代にいたるまでの地域経済の動きをおおよそ解明出来たものと思っています。

昔があって今がある、という言葉は江戸時代初期にも言えたものと考えます。本行徳村が江戸川沿いの村々の中では行き止まりの村だったという事実はこれまでの郷土史を語る上では欠落していた思考方法だったと認識しています。

このことこそが、河原村《かわらむら》が岩槻道《いわつきみち》という塩の道の出発点であり得た原因だったと思うのです。勿論、河原村の対岸の伊勢屋村《いせやむら》（現東京都江戸川区東篠崎《しのざき》一丁目）へ渡した塩その他の物品はすべて岩槻道を辿ったとは考えていません。その内の何割かは河原道を通って江戸や武蔵国《むさしのくに》内陸へ運ばれたに違いがないのです。

寛永の時代になるまでは少なくとも物流の手段の中心は陸送だったと考えます。『葛飾《かつしか》

記《き》』には、もと葛西《かさい》は葛飾の本府にて、下鎌田《しもかまだ》（現東京都江戸川区江戸川一・二丁目）というところに馬市などの立たる跡ありとなり、と書かれているほどです。馬は必需品でしょう。水運に切り替え水運を発達させたのは徳川幕府でした。

徳川家康は塩田開発を奨励するとともに直轄領である行徳領の開発を進めました。未開の地だった本行徳から南の地、つまり、欠真間と言われた地域の開発でした。無論、新井《あらい》、当代島《とうだいじま》、猫実《ねこざね》、堀江《ほりえ》という地域も開発されましたが、塩田経営という点では猫実と堀江は外されて漁業一本の村になりました。原因は江戸川の流れを変えたので塩分濃度が著しく低下して塩焼を稼業《かぎょう》としてすることが出来なくなったからでした。

いま、地図を広げて見ますと行徳塩浜といわれた十五ヶ村の中心に本行徳村が位置しています。このことを徳川家康の幕閣たちは承知していたものと思えます。このことに気が付いたからこそ、徳川幕府の行徳支配の構図が見えてきたのです。

昔があって今がある、という言葉は、行徳地域の土地区画整理を実現させた先人たちの汗と涙の結晶の上に現在の私たちの生活がある、ということと併せて後世の人たちに伝え遺すべき言葉だと思うのです。

二〇一七年九月吉日

鈴木和明

め

も

や

ゆ

よ

り

れ

ろ

す

せ

そ

た

ち

て

く

け

こ

さ

し

索　引

あ

い

う

え

お

著者プロフィール
鈴木 和明（すずき かずあき）

1941年、千葉県市川市に生まれる。

南行徳小学校、南行徳中学校を経て東京都立上野高等学校通信制を卒業。

1983年、司法書士試験、行政書士試験に合格。翌1984年、司法書士事務所を開設。

1999年、執筆活動を始める。

南行徳中学校PTA会長を2期務める。新井自治会長を務める。

市川博物館友の会会員。2016年3月末まで新井熊野神社氏子総代を務める。

趣味：読書、釣り、将棋（初段）

著書に『おばばと一郎1～4』『行徳郷土史事典』『明解　行徳の歴史大事典』『行徳歴史街道1～5』『郷土読本　行徳　塩焼の郷を訪ねて』『郷土読本　行徳の歴史・文化の探訪1～2』『「葛飾誌略」の世界』『「葛飾記」の世界』『「勝鹿図志手くりふね」の世界』『行徳の文学』『僕らはハゼっ子』『江戸前のハゼ釣り上達法』『天狗のハゼ釣り談義』『ハゼと勝負する』『HERA100　本気でヘラと勝負する』（以上、文芸社刊）『20人の新鋭作家によるはじめての出版物語』（共著、文芸社刊）などがある。

http：//www.s-kazuaki.com

行徳歴史の扉

2017年11月15日　初版第1刷発行

著　者　鈴木 和明
発行者　瓜谷 綱延
発行所　株式会社文芸社
〒160-0022　東京都新宿区新宿1－10－1
電話　03-5369-3060（代表）
03-5369-2299（販売）

印刷所　株式会社フクイン

ISBN978-4-286-18704-4

鈴木和明著既刊本　好評発売中！

『僕らはハゼっ子』

ハゼ釣り名人の著者が、ハゼの楽園江戸川の自然への愛情と、釣りの奥義を愉快に綴ったエッセイ集。

四六判 88 頁
定価 864 円（税込み）

『江戸前のハゼ釣り上達法』

江戸川でハゼを釣ること 16 年。1 日 1000 尾釣りを目標とし、自他ともに認める“ハゼ釣り名人”がその極意を披露。ハゼ釣りの奥義とエピソードが満載！

四六判 196 頁
定価 1,404 円（税込み）

『天狗のハゼ釣り談義』

自分に合った釣り方を開拓して、きわめてほしいという思いをこめ、ハゼ釣り名人による極意と創意工夫がちりばめられた釣りエッセイ。釣り人の数だけ釣り方がある。オンリーワン釣法でめざせ 1 日 1000 尾!!

四六判 270 頁
定価 1,512 円（税込み）

『ハゼと勝負する』

1 日 1000 尾以上を連続 22 回達成。限られた釣りポイントでも、釣り師にとって、日々変化する環境に対応して生きるハゼを、どのような釣技でとらえていくのか。その神がかり的釣果の記録をまとめた一冊。

四六判 200 頁
定価 1,296 円（税込み）

『HERA100　本気でヘラと勝負する』

テクニックを追求すればキリがないほど奥の深いヘラブナ釣り。1 日 100 枚。常識を超えた釣果の壁を破る！　釣果を期待したい人はもちろん、幅広い釣り人の要求に応えるコツが満載の痛快釣りエッセイ。

四六判 298 頁
定価 1,512 円（税込み）